杜邦传

杨 帆◎著

时代文艺出版社

图书在版编目（CIP）数据

杜邦传 / 杨帆著. —长春：时代文艺出版社，2015.12（2021.3重印）
（世界商业名人传记丛书）

ISBN 978-7-5387-4843-7

Ⅰ. ①杜… Ⅱ. ①杨… Ⅲ. ①杜邦，P.S.（1739~1817）—传记 Ⅳ. ①K837.125.38

中国版本图书馆CIP数据核字（2015）第210573号

出 品 人　陈 琛
责任编辑　孟宇婷
装帧设计　孙 利
排版制作　隋淑凤

本书著作权、版式和装帧设计受国际版权公约和中华人民共和国著作权法保护
本书所有文字、图片和示意图等专有使用权均为时代文艺出版社所有
未事先获得时代文艺出版社许可
本书的任何部分不得以图表、电子、影印、缩拍、录音和其他任何手段
进行复制和转载，违者必究

杜邦传

杨帆 著

出版发行 / 时代文艺出版社
地址 / 长春市福祉大路5788号　龙腾国际大厦A座15层　邮编 / 130118
总编办 / 0431-81629751　发行部 / 0431-81629755
官方微博 / weibo.com / tlapress　天猫旗舰店 / sdwycbsgf.tmall.com
印刷 / 三河市嵩川印刷有限公司
开本 / 710mm×1000mm　1 / 16　字数 / 132千字　印张 / 12
版次 / 2015年12月第1版　印次 / 2021年3月第2次印刷　定价 / 36.00元

图书如有印装错误　请寄回印厂调换

目录 Contents

序言　用努力铸造传奇 / 001

第一章　杜邦家族出走记
　1. 成为贵族 / 002
　2. 难忘的成人宣誓仪式 / 010
　3. 风云突变 / 017
　4. 殖民地的梦 / 026

第二章　在美国的土地上
　1. 不只要站稳脚跟 / 036
　2. 父亲的七项计划 / 043
　3. 扬名的机会又来了 / 049
　4. 第八项计划 / 055

第三章　初步崛起
　1. 火药厂 / 066
　2. 从现实到奇迹 / 071
　3. 爆炸事件 / 078
　4. 推行先进制度 / 082

第四章　战争的契机
　1. "切萨皮克号"事件 / 092

2. 战争带来的火药订单 / 098
3. 兄弟情谊 / 104
4. 父亲的债务危机 / 110

第五章 军火帝国
1. 与政界、军界建立关系 / 120
2. 找到适合自己的定位 / 125
3. 为什么不说话 / 132
4. 哥哥的离去 / 138

第六章 杜邦基业的传承
1. 突然的告别 / 144
2. 三个儿子 / 148
3. 拉蒙·杜邦踏着爷爷的足迹 / 155
4. 火药"托拉斯" / 162
5. 和时间一起改变 / 169

附　录
杜邦生平 / 180
杜邦年表 / 182

序言 用努力铸造传奇

"无穷的金钱是战争的原动力",这是古罗马著名政治家在几千年前的判断。战争始于政治集团之间的利益争夺,这已经是被世人洞悉的本质,无论粉饰得多么巧妙,都骗不过百姓的眼睛。

人们痛恨战争,因为那会带来流离失所,带来骨肉离别,还有经济的消耗。据统计,第一次世界大战花了1863亿美元,第二次世界大战花了40000亿美元,这无疑是对社会财富的巨大浪费。不过,也并不是所有人都这样想,战争所花费的金钱,一方面是因为设施被摧毁,也有一部分进了某些"发战争财"者的荷包,比如火药制造商。

出生于钟表世家的厄留蒂尔·伊雷内·杜邦从小就对化学有着浓厚的兴趣,在考察了美国市场后,他决定要向自己熟悉又在行的火药业进军。当然,厄留蒂尔·伊雷内·杜邦在美国特拉华州布兰迪万溪畔组建杜邦火药厂的初衷，并不完全是为了供应军需。开采矿山需要火药，修建铁路需要火药……总之，除了战争之外，可以用到火药的地方甚多。

但是，随着生意的扩大，厄留蒂尔·伊雷内·杜邦开始分析和判断：混乱的年代，必定战事频频，这是火药厂未来发展不可错过的契机。有了这样的看法，厄留蒂尔·伊雷内·杜邦把眼光放在了全国乃至全世界的火药市场上，他发现，那时美国市场上的火药质量低劣，在战争中发挥不出更大的优势。于是，他潜心于优质火药的制造，并多次到故土法国考察，回想此前在法国皇家火药厂的工作情况。

万事俱备之后，当杜邦火药厂"黑珍珠"一般的火药一面世，很快便在特拉华州扬名了。随后，政府订单源源不断地飞到了厄留蒂尔·伊雷内·杜邦的手中，渐渐地，杜邦火药在业内的知名度越来越高了。

当一次次战争证明杜邦火药更优质时，厄留蒂尔·伊雷内·杜邦的名声也像杜邦火药一样响彻了美国。就这样，杜邦帝国慢慢组建起来了。也正是在这一场场战争中，杜邦家族用一桶桶火药换取了一桶桶黄金。

厄留蒂尔·伊雷内·杜邦，这个生在法国，却在美国建立起一个庞大军火公司的巨人，用自己的双手创造出了一个时代的神话。

世界发展的主流呼唤和平，作为火药制造商，杜邦帝国自然知道顺应时代大潮的道理。因此，在经过多年的尝试和转型之后，杜邦帝国摇身一变，成了化学工业中的佼佼者，从人们厌恶的"军火贩子"变成了为人类提供民生物资的"生活用品商人"，这其中有多少令人惊叹的故事呢？让我们从它的创始人开始说起。

第一章 杜邦家族出走记

1. 成为贵族

说起杜邦家族的形成，不得不对当时国际与国内的环境作一些了解。我们知道，任何一个新生事物的诞生，都伴随着各种外界与内在因素的相互影响与作用。先来看当时的国际环境。

杜邦财团的创始人厄留蒂尔·伊雷内·杜邦是以售卖火药起家的，自然要谈到战争。说到战争，人们对它是避之唯恐不及，却也有例外，那些靠军火发家的家族，似乎并不"崇尚"太平世界，甚至还会"厌恶"和平，因为只有战争打响，他们才有得赚。杜邦家族便是其中的代表之一。

杜邦家族是美国赫赫有名的军火家族，在战争期间，它以向军方大量售卖军火而积聚了巨额财富，也奠定了家族的地位。杜邦家族曾一度被外界称为"狂热的好战分子"，在人们看来，唯有战争才能最好地激发这个家族所有族人的"潜质"，使得他们在战争中大展拳脚，大发战争财。这种说法并非没有道理，因为杜邦家族起初就是做军火生意壮大财势的，尽管后来它顺应时势，成功转型为民生日用企业。

历史上有很多大名鼎鼎的家族，比如摩根家族、卡内基家族、洛克菲勒家族、肯尼迪家族等等，之所以到今天人们仍然对他们耳熟能详，是因为在政治、经济等领域，这些家族仍然有着举足轻重的地位和影响力。

而说到杜邦家族，了解的人似乎就没那么多了，这是因为世界的大环境变了，如今和平与发展成为了时代的主题，主营军火生意的杜邦家族便"偃旗息鼓"了。但需要说明的是，身处和平年代的杜邦家族并没有坐享家底，而是顺应时代潮流，成功转行做起了关乎民生的日用产品，为人所熟知的"尼龙"、"的确良"便是该家族的又一"形象"。

杜邦家族在美国经济发展中有着举足轻重的地位，沉沉浮浮中，它走过了将近两个世纪的辉煌历程，在世界上的知名度也很高。但是很少有人知道，这个美国超级垄断财团，居然扎根在法国。

要说杜邦财团的缘起，就不得不先说一个人，那就是财团创始人厄留蒂尔·伊雷内·杜邦的父亲——皮埃尔·塞缪尔·杜邦，是他使得整个家族开始荣登贵族之列，尊贵的社会地位、殷实的家境，都为厄留蒂尔·伊雷内·杜邦开创杜邦财团打下了坚实的基础。

1739年12月，皮埃尔·塞缪尔·杜邦出生在法国的一个钟表世家，虽说是一个钟表世家，但家境并不富裕，他的父辈们靠着为别人提供各式各样的钟表维持生计，他们勤劳肯干，挥洒着汗水，但是日子总是枯燥地重复着，没有新意，也没有创造出足够的财富。

皮埃尔·塞缪尔·杜邦看着父辈们辛辛苦苦地打拼，他从小就暗下决心，自己绝不选择以这样的方式来生活，他不想在钟表的嘀嗒声中走过一生，不想延续父辈们的老路。

皮埃尔·塞缪尔·杜邦的童年生活并不是玫瑰色的，不像别的孩子一样，充满着欢声笑语，而是少了点幸福跟快乐。因为患病，他出生不久即被寄送到一位奶妈处喂养，更糟的是，奶妈的奶水并不充足，仅是勉强维持皮埃尔的生命罢了。由于从小营养不良，渐渐长大的皮埃尔身体很瘦弱，个子也不高。

像大多数孩子一样，小时候的皮埃尔很是好动。他很喜欢踢足球，但由于体质差，导致他并不能将这个爱好一直持续下去。小时候的他，总是显得笨手笨脚，被一起踢球的小伙伴们奚落是常有的事。

"嘿，塞缪尔，你最好回家好好待着去！"这是伙伴们常常对他说的一句话。但皮埃尔天生执拗，偏偏不信这个邪，即使被嘲笑也不打退堂鼓，依旧对足球保持着极大的热情。在他5岁的时候，因为踢球不小心弄伤了鼻子，直到他长大成人后，每每站在镜子前，他仍能想起那一幕。

皮埃尔的运动天赋不佳，但上帝已然在别的方面对此作了弥补。"上帝在关闭一扇门的时候，总会为你开启一扇窗"，这句话用在皮埃尔身上真是再合适不过了。运动天赋不佳的他，却在学习方面出类拔萃。上学期间，他的才华就开始慢慢展露了出来。他具有惊人的记忆力，甚至能做到过目不忘，而且他的智力也远超常人，这使得他在考试中常常名列前茅。因此，在学校里，皮埃尔常被老师们称为"小天才"。

"小天才"在学校里受到了很多照顾和保护，这也让他的才能得以最大程度地发挥。成名后的皮埃尔若回顾往事，也许该感激老师们为他提供的成长土壤吧。在学校里,很多老师都会对皮埃尔进行专门的训练,比如让他在众人面前表演朗诵,当众回答各种各样的问题。这些训练充分激发出了皮埃尔身上的潜能,也发扬了他本身具备的很多特长,从某种意义上讲,这些积累为他日后成为法国贵族奠定了一定的基础。

可是,皮埃尔虽然在学校里出尽风头,家里人却不这么看。作为钟表匠的父亲眼看着儿子一天天长大,一心想让他继承自己的手艺,对于儿子被人称为"天才"一事并不上心,他有自己的一套理论。他不认为被称为"天才"就能得到更多的面包,幸福的生活始终要靠自己的双手一点点去创造。

但皮埃尔对钟表并没有太大的兴趣,也无意继承家族产业,他一度立志成为一名文学家。作为父亲,对儿子的意愿和特长置之不理,确实有些不妥,可是话说回来,生活的拮据容不得他有别的选择。

父亲的"逼迫"让皮埃尔一时间无所适从,好在母亲是个知书达理的人,对他也能予以理解,才避免了让他做那些他看来很枯燥的工作。皮埃尔很喜欢读书,闲暇时他总是把自己沉浸在知识的海洋中。而且他阅读的范围很广泛,除文学类书籍之外,知识性很强的读物也在他的阅读范畴之内,比如医学,甚至晦涩难懂又枯燥乏味的经济学也是他的兴趣所在。所以,博览群书是皮埃尔的一大优点,为他日后融入贵族阶层创造了一些条件。

需要说明的是,母亲是皮埃尔一生中最重要的人之一。她受过良好的教育,在皮埃尔很小的时候,便开始向他灌输积极正面的思想，引导他树立乐观的生活态度，拥有坚定的信念。皮埃尔始终铭记着母亲对自己的教育，在他年迈时，他时常同身边人谈起母亲对他的教育，他称之为"金玉良言"。

都说时势造英雄，随着时代背景的变化，世界在发生着巨大变化，皮埃尔也遇到了他生命中的贵人——金融家雅克·杜尔果，从此他的生命发生了翻天覆地的变化，也开始了他贵族的进阶之路。

18世纪，资本主义在英国和法国产生并日渐发展壮大，资产阶级古典政治经济学也诞生了。在当时，法国古典政治经济学是一个十分进步的学派，代表着一种趋势。

在这期间，涌现出了一大批著名的学术代表，贵族出身的雅克·杜尔哥便是其中之一，他发表了很多文章，谈论时政、经济及生活的方方面面。1766年，杜尔哥发表了其代表作《关于财富的形成和分配的考察》，该书一经问世，便引起了轰动，资产阶级大亨们议论纷纷，因为在此之前他们从没有像杜尔哥那样对自己财富的形成做如此全面的考察。杜尔哥之所以如此受追捧，也有其他原因，他在文中对资产阶级如何压榨劳动人民的真相很少有披露，这也是该书成为"佳作"的关键之一。

此时的皮埃尔正值青年时期，思维愈发敏捷，头脑愈发睿智，人生观与价值观逐渐成熟，对很多问题也开始有自己独到的见解。他在读了杜尔哥的文章之后，给予了他很高评价，并且从中汲取了很多知识，更重要的是，跟随着杜尔哥的思路，皮埃尔原本游走分散的思维慢慢清晰起来，他也越来越清楚自己该做什么。

之后，皮埃尔写了很多文章，其中1764年发表的《对国家财富的观感》是一篇讨论粮食问题的经济类文章。通常这类文章读起来是很枯燥的，但皮埃尔巧妙地将农学派的思想渲染出来，可读性大增，这篇文章也由此引起了杜尔哥的注意，成为两人结识的"桥梁"。

不久，杜尔哥找到了皮埃尔，两人深谈了一次。通过交谈，杜尔哥发现皮埃尔是一个很有想法的人，很多观点独到且具有前瞻性，杜尔哥决定培养他。就这样，在得到了杜尔哥的赏识之后，皮埃尔这个钟表匠的儿子，仿佛搭上了一艘豪华游轮，开始驶向广阔无垠的大海。

有了杜尔哥的提点，加上皮埃尔自身的聪明才智，他的人生之路发生了巨大的转变。

在杜尔哥的举荐下，26岁的皮埃尔成功进入农商与财富杂志社任编辑，这在当时是一份稳定的、让很多人羡慕的工作。而在此之前，他对这份工作是做梦也不敢想的。他很兴奋，并为此暗下决心，一定要干出样儿来！

同时，皮埃尔也完成了人生中的一件大事，那就是与少年时代的女友玛丽亚完婚。他觉得自己现在可以拿到固定的薪资，可以担负起一个家庭的责任了，此时的他可谓爱情事业两得意。玛丽亚对此也十分高兴，她觉得自己并没选错人。婚后两人的生活过得风生水起、有声有色，皮埃尔更加成熟、睿智了，事业也做得红红火火。1767年，也就是在他们结婚两年以后，他们的第一个儿子维克托·玛丽出生了；1771年，第二个儿子厄留蒂尔·伊雷内·杜邦也出生了，他就是未来杜邦财团的创始人。

不知道是什么原因，皮埃尔和妻子对第二个孩子总是更加偏爱一些。当他还在腹中的时候，皮埃尔邀请了他的恩师杜尔哥做孩子的教父，并为孩子起名为"厄留蒂尔·伊雷内·杜邦"。

孩子的教父对这个名字十分满意，学识渊博的他解释说，"厄留蒂尔"的发音与希腊语中的"自由"十分接近，"伊雷内"则与希腊神话中"和平女神"的发音十分接近。

此时的皮埃尔家庭美满、事业得意，很是羡煞旁人。更令人羡慕的是，时值中年的皮埃尔步入了法国路易王朝，成了王朝中的一员。当然，这些都离不开杜尔哥的提携。那时的皮埃尔已辞去编辑工作，专心为路易王朝服务。

皮埃尔在路易王朝担任过很多职务，出色的工作能力也使得他深受国王的喜爱。历史就是这么奇妙，如果路易王朝没有走向没落的话，皮埃尔·塞缪尔·杜邦一家会永远效忠于王室，也就不会出现后来的杜邦家族了。

但历史是无法假设的，路易王朝最终走向了没落，皮埃尔的命运也再次出现转变。历史可以将原本看似毫无关联、敌对或合作的事物纠缠在一起，它有这种魔力，而且身处其中的人们是逃脱不了这张无形大网的，有些安排在冥冥中早已注定，就像皮埃尔的经历一样。

1776年7月4日，美国资产阶级的代表人物富兰克林和杰斐逊共同起草了《独立宣言》，正式向英国发出声明，称北美13个英属殖民地将宣告独立，成立美利坚合众国。声明虽然发出了，但事情却没有马上得到解决。

美英之间展开了一场较量。当时的美国虽然面积很小，单就实力而言，根本难抵人口众多、根基雄厚的大英帝国，但是美国人民期望民族独立的决心是不可阻挡的，与其受制于人，不如殊死一搏，众志成城保卫民族独立，这似乎成了当时所有美国人民的心声。

就在双方僵持之际，法国站出来充当"调停人"的角色。皮埃尔受命于法国政府，加入了英美谈判的行列，双方最终签订了《巴黎和约》。这项条约对美国来说意义重大，英国在条约中承认美利坚合众国独立，这也标志着美国独立战争的结束。

在这项条约的签订过程中，皮埃尔起到了关键作用。独立战争的结束使得美国人民沉浸在巨大幸福中的同时，也给皮埃尔带来了福音。同年，皮埃尔被法国国王路易十六封为贵族，这是他一直向往的。此外，通过这次谈判，皮埃尔的人脉关系也得到了极大的拓展，他与富兰克林、杰斐逊志趣相投，三人此后过从甚密，这为皮埃尔日后扎根美国打下了基础。

皮埃尔成了法国贵族中的一员，他们一家的生活也发生了翻天覆地的变化，房子不知大了多少倍，居住环境更优雅了，薪资也大幅上涨——皮埃尔得到了他梦寐以求的一切。为了彰显自己的贵族身份，他将自己姓氏中的"杜邦"拆开并大写——"Du""Pont"（在法语中，Du象征着贵族身份）。

从此，"杜邦家族"开始悄然形成，也许这是皮埃尔不曾想到的，更让他想不到的是，在后来的某个时期，杜邦家族的人数竟然高达6000人。

2. 难忘的成人宣誓仪式

被封为贵族之后的皮埃尔，好像比以前更忙了，为了更好地为王室服务，他需要整天奔波于家与王室之间，当时皮埃尔一家住在尼莫尔市郊塞纳河支流河畔，距离巴黎约60公里。由于工作繁忙，皮埃尔常常无暇顾及自己的两个儿子，好在玛丽亚是一个贤妻良母，教育儿子的重任便落在了她的肩上。

皮埃尔的这两个儿子，从长相到脾气秉性都截然不同。哥哥维克托·玛丽十几岁的时候已经比父亲高了，而且他十分好动，在别人看起来他总是充满了激情，对身边的人极有感染力。

维克托十分健谈且口齿伶俐，同父亲说话时总是昂着头，而且总是希望得到大人们的夸赞。弟弟厄留蒂尔·伊雷内·杜邦则完全是另外一副样子，他显得有些胆小，而且沉默寡言，不管和谁讲话都习惯低着头，一副极自卑的样子。他也不像维克托那样渴望大人更多的夸奖，厄留蒂尔好像不在乎别人怎么评价自己。他很喜欢看书，也喜欢观察周围的事物，他常常会独自一人窝在角落里，嘴唇抿成一条线，一双蓝眼睛好奇且专注地盯着四周，默默地观察着这个对他而言还有些陌生的世界。

兄弟两个脾气性格迥异，而父亲皮埃尔对自己的两个儿子内心也多少有些感情上的偏移。后来皮埃尔去了美国，从他对两个儿子的介绍上便可略知一二。他是这样介绍两个儿子的——这位是大儿子维克托·玛丽,是一名出色的外交家和社会活动家,他在美国成长多年,在处理国际关系问题上有着天才般的外交能力;这位是二儿子厄留蒂尔·伊雷内·杜邦,他喜欢化学和制造业,对农业也很感兴趣——很明显,皮埃尔似乎更偏爱大儿子一些。

兄弟俩截然不同的秉性也决定了两人今后发展道路的不同。维克托·玛丽的确在外交方面做出一些成绩,但他身上的一些致命弱点也导致他的人生之路并不十分辉煌和顺畅,他做事缺乏认真的态度且总是半途而废。皮埃尔也为此大伤脑筋,若不是父亲动用多年搭建的人脉关系来帮助他,恐怕他早已被社会淘汰,堕落成为杜邦家族的"蛀虫"。与哥哥不同,厄留蒂尔·伊雷内·杜邦是一个坚韧不拔的人,做事极其认真专注,颇喜欢研究,这样的性格也是他能够组建起杜邦财团的"先天性基础"。

在皮埃尔生活的年代里,富人的地位是无法撼动的,而穷人的处境若想改变也困难重重,皮埃尔一家头顶着法国贵族的光环,日子过得光鲜而美好。但好景不长,玛丽亚的突然离世给这个原本完整而幸福的家庭蒙上一层阴影。

在皮埃尔·塞缪尔·杜邦被国王路易十六封为贵族后仅一年,并未享受太多人间富贵的玛丽亚不幸因病去世了。母亲的离开对杜邦兄弟俩打击很大,年纪尚轻的他们一时被这噩耗打击得不知所措,少年丧母的痛苦让他们无力承担。而失去心爱妻子的皮埃尔为了更好地照顾儿子,只得掩起自己的悲伤。

为了纪念妻子玛丽亚,皮埃尔在自家房子里立了一尊玛丽亚的石膏雕像，那石膏雕像与玛丽亚的真人同样大小，雕塑得十分逼真。他要求两个儿子早晚都要对着雕像向"母亲"问安，以表达对母亲的思念及祝福之情，也算是对亡灵的追思和缅怀。

妻子离世后，照顾两个儿子的重担落在了皮埃尔一人身上。小儿子厄留蒂尔对母亲极为敬重，他曾经一度很依赖母亲，无时无刻不缠着母亲与他在一起。他无法接受母亲离世的事实，他怎么也想不明白，为什么一个活生生的人会忽然间不复存在了。失去母亲后，原本沉默寡言的厄留蒂尔话更少了，有时候父亲跟他说话，他都像没听见一样。

皮埃尔发现了孩子的异常，感到很痛心。他知道这样下去会对厄留蒂尔的心理产生影响，所以决定改善这种局面，让孩子尽早从悲痛中走出来。

按照当时的传统，男孩子长到18岁时就要举行"成人宣誓仪式"，这标志着少年时代的结束，从此进入成年阶段。经过认真考虑，皮埃尔决定提前让两个儿子"成人"，期盼通过这次仪式，让兄弟两个人彻底站起来，走出丧母的阴影。因此厄留蒂尔·伊雷内·杜邦也经历了人生当中独特又难忘的成人宣誓仪式。

1784年10月，也就是在玛丽亚去世一个月后，在她生前住过的房子里面，皮埃尔为两个儿子举行了成人宣誓仪式。在摆放着玛丽亚雕像的房间里，皮埃尔坐在雕像旁，两个儿子站在父亲的面前，三人腰间都佩戴着一把镶嵌着黄金制家徽的宝剑。

宣誓仪式开始了，气氛显得庄严肃穆。两个儿子站在母亲的雕像前面，四只蓝色的眼睛凝视着母亲。只见皮埃尔慢慢站起来，

"嗖"的一声抽出自己的宝剑，对着儿子大声说道："把你们的剑像我这样举起来！"

兄弟俩谨遵父命，将腰间宝剑抽出，与父亲的宝剑交叉在一起，房间里闪烁着剑身反射的寒光，三把宝剑碰撞在一起，那响声在静悄悄的房间里显得特别大，并且带着回音。

皮埃尔严肃地问儿子们："你们敢不敢在你们的母亲面前宣誓，此时你们举着象征杜邦家族的宝剑，这把剑日后不会为兄弟间的矛盾而拔，也不为一时间的懦弱和胆怯而拔？"

兄弟稍稍对视了一眼，异口同声地认真回答："我们敢发誓，这把剑日后不会为兄弟间的矛盾而拔，也不为一时间的懦弱和胆怯而拔。日后无论发生什么事情，我们两兄弟都会甘苦与共！"

皮埃尔的脸上露出了满意的笑容，眼中隐约闪烁着泪光。他又问道："你们敢不敢保证，今后两兄弟为了杜邦家族的荣誉，永远在一起并肩奋斗？"

兄弟两人再次庄严地发誓："我们敢向上帝保证！"

随之，三把宝剑碰撞在一起发出了铿鸣声，并久久地在空中交叉着，仿佛在象征着杜邦家族的凝聚力。宣誓仪式结束了，两兄弟分别得到了一枚配在剑柄上的杜邦家徽，那是一个刻着鸵鸟形状和梅花形状的金质徽章，这也意味着兄弟两人步入了成年阶段。而在那一年，维克托·玛丽17岁，厄留蒂尔·伊雷内·杜邦只有13岁。

不过，年纪轻轻就步入社会未必是件坏事，这样在经历了社会的种种磨历之后，那颗稚弱的心会得到最大程度的锤炼，这对今后的人生之路是极其有益的。对于厄留蒂尔·伊雷内·杜邦来说，这样过早地经历了社会的洗礼，对他的人生是弥足珍贵的历练，他练就了过人的胆识，为他组建杜邦财团储备了过硬的本领。

成人宣誓仪式结束了，但并不意味着他们已经具备了成熟的素质，这是他们人生之路的真正开启。

对于维克托·玛丽来说，他天生的性格弱点注定了他不平坦的人生之路。维克托有着良好的先天条件，比如长相英俊、生性好动、伶牙俐齿等，这些使他很容易给人留下好印象，但也有致命的不足，他做事缺乏认真和耐性，常常虎头蛇尾、半途而废。这令他很难在众人间树立威信。

皮埃尔在担任商务部主管的时候，曾给维克托安排了一个低级秘书的职务。考虑到他年纪尚轻，经验不足，先交给他一些简单的工作，但即使这样他做得也不顺手，不能胜任，人们评价他总是"言多于行"。

之后，皮埃尔又为他寻得一份更悠闲的工作，希望他能从简单的事做起，逐步胜任更重要的工作。这份工作的内容很简单，只要他在"游山玩水"的同时定期将一些相关的商务报告发到商务部即可。可是皮埃尔再次失望了，维克托依旧做不好。

每次发回来的商务报告中，总是商情不多，却用大量的笔墨描述他在世界各地吃了多少美食，这让皮埃尔十分恼火。

俗话说，子不教父之过。对于维克托的"不成器"，皮埃尔既无奈又自责，他清楚自己对此有着不可推卸的责任。于是，他一次次地借助自己的人脉关系，为大儿子维克托谋了一份又一份差事。"功夫不负有心人"，凭借着自己在路易王朝多年的人脉基础,皮埃尔终于让大儿子在王朝中得以立足,成为法国外交部的实习生。很快,维克托·玛丽被派往美国,成了法国驻美国的第一任大使。

令皮埃尔感到庆幸的是,小儿子厄留蒂尔·伊雷内·杜邦则让他省心得多。他还是小时候的性格,话虽不多,但他凡事都有自己的见解,还颇喜欢阅读,这一点与父亲皮埃尔很像。

慢慢长大的厄留蒂尔做事严谨慎重,做每件事情前都会制定详细的实施计划,并对事情的可行性进行评估,对可能发生的问题以及最终结果作一个合理的预期。他最讨厌的事情就是人与人之间的吹捧或者贬低,他认为,那是最没有意义的事情,简直是在虚耗生命。

皮埃尔对这些都看在眼里,针对儿子的特点,他把厄留蒂尔送到了朋友拉瓦锡的实验室,让他同拉瓦锡学习化学。拉瓦锡是一位出色的化学家,非常博学,当时他在法国皇家火药厂负责管理工作。这正中了厄留蒂尔的心意,他对化学极其感兴趣,因此他对父亲的这个安排很是满意。除了在学校,他大多数时间都泡在了实验室里。

拉瓦锡与皮埃尔的交情不错,常常会去皮埃尔家谈论一些问题,比如有关火药与肥料的制作问题。每到这时候,厄留蒂尔就会在一旁静静地听,他认为拉瓦锡谈论的问题有趣极了。

有一天,厄留蒂尔按捺不住对拉瓦锡说:"叔叔,你带我去火药厂参观一下好不好?我太想去看一看了!"拉瓦锡很喜欢厄留蒂尔,但他认为让一个小孩子去参观火药厂并不是件有趣的事,所以他拒绝了厄留蒂尔。但厄留蒂尔没有灰心，继续和拉瓦锡软磨硬泡，而且言辞诚恳："叔叔，看一次就好，我真的很喜欢化学。"拉瓦锡被搞糊涂了，喜欢化学就要参观火药厂吗？但这次他答应了厄留蒂尔，决定带他见识见识。

参观完火药厂之后，厄留蒂尔对化学更加迷恋了，他觉得化学向他展现了一个特别神奇的世界。在他眼里，那一粒粒黑色的火药就像是一粒粒黄金，而那些复杂的方程式和化学变化就是造就这些黄金的"上帝"。这是否就是天生的缘分，谁又能说得清楚呢？

厄留蒂尔因为对化学极其痴迷，满脑子化学反应公式，其他事情都变得不重要了，这也致使其他功课被落下不少，很多科目甚至干脆就放弃不学了，导致他被学校开除。不过厄留蒂尔一点都不难过，反而很庆幸，他才不想把宝贵的时间"浪费"在自己不感兴趣的事情上呢，他觉得一定要把时间花在自己认为有意义的事情上，比如化学，比如火药。

当初教父为厄留蒂尔取名字时，以"自由"和"和平女神"为寓意，正是希望这个孩子能够在和平和自由的环境下健康成长。但是多年之后，这个热爱着化学的少年辜负了长辈们的美好期盼。他的一生没能坚守和平和自由，相反，他的命运与战争和火药紧紧地联系在了一起。这个人一手创办了杜邦财团。

也许时间真的能让一个人成长，一段日子以后，不求上进的维克托·玛丽也有了很大的改观，玩心收敛了不少，做事情也成熟多了。厄留蒂尔一直专注于化学研究，更是让父亲皮埃尔放心。看到了两个孩子已经渐渐从丧母的阴影中走了出来，一切似乎又重归了平静，他的丧妻之痛也在慢慢消退，此时，皮埃尔想到了再婚，以弥补家庭的缺失。

不久之后，皮埃尔再婚了，对方是一个比他小几岁的漂亮女人，带着一个儿子普希。此时的杜邦家看起来完整了许多，父母孩子欢聚一堂，他们家又开启了新一轮的幸福生活。

1791年，20岁的厄留蒂尔·伊雷内·杜邦与16岁的女友苏菲娅步入了婚姻的殿堂。按照杜邦家的财力相论，婚礼并不隆重，但是温馨浪漫。这让皮埃尔很是欣慰，他笑中含泪，儿子长大了，而且找到了自己的幸福，建立了一个小家庭。皮埃尔觉得，之前所遭受的苦难都不算什么，如今换来了整个家庭的幸福生活，他觉得值了。

但是，天有不测风云，生活不知道会在什么时候给人一击。那是个并不和平的年代，路易王朝在动乱中风雨飘摇，可想而知，作为王室贵族一员的皮埃尔一家，受到的冲击要比一般的家族更大。

3. 风云突变

纵观历史，一切不适应新的生产力的生产条件都要被淘汰，法国路易王朝是君主专制式的政府，随着社会的发展，它已不能适应新的生产力，所以它被推翻是必然的。法国大革命对于法国乃至整个世界都有着深远的影响，也是极具重大意义的。

法国君主政体自建立以来，并没有制定明确的法律，但法国民众却一味地对其听之信之，放任其统治，从不敢有所抵抗。历史前进的每一个脚印，任何一个朝代的更迭，都会由一批远见卓识者所推动。法国也是如此，有一批走在众人前列的有识之士敲响了资产阶级革命的钟声，法国君主政体在人民愤怒的呼声中动摇了，连同动摇的还有没落腐朽的路易王朝。

1789年7月14日，长期受压迫和思想禁锢的法国民众揭竿而起，占领了巴士底狱，那是封建君主专制制度的"大本营"，法国大革命就此拉开了序幕。

通常情况下，民众与政治之间的联系是必然的。法国民众长期处于毫无节制的压迫之中，对封建君主专制统治下的王朝早已是满腹怨气，之前是这股怒火迟迟未点燃，现在在一批资产阶级革命者的鼓动下，他们决定推翻路易王朝，建立新的国家政体，这也是路易王朝被民众推翻的根本原因。

在这种大形势下，皮埃尔原本可以持中立态度，或者投身到革命大军中，但他身为王室贵族中的一员，此前深受路易王朝重用，他的忠诚与良知不允许他有其他的想法，唯一的选择是尽一己之力保卫王室。根据历史记载，皮埃尔·塞缪尔·杜邦当时的确没有"叛变"的心理，他发迹于路易王朝，也是路易王朝给予了他一切。因此，大革命爆发后，皮埃尔·塞缪尔·杜邦联合起了当时的法国国民警卫队，组建了"1789年俱乐部"，誓死保卫风雨中摇摇欲坠的"残楼"。

在历史前进的过程中，那些已经不适应时代发展要求的事物总会为了不被历史的车轮无情碾过，而作一番垂死挣扎。任何一次朝代更替也是如此，旧有势力为了维护自己的利益，会与新生力量作一场殊死搏斗。

法国大革命爆发之后，欧洲的众多封建君主害怕革命的战火蔓延到自己的国家，选择了站在路易王朝这边，积极地支持路易王朝，盼望着"奇迹"能够出现。紧接着，沙皇俄国、奥地利和普鲁士公开表示支持路易王朝，并组成了反法同盟。

随后，保皇派与革命派开始了一场针锋相对的搏斗。在这期间，革命派攻进了路易十六的王宫，找到了一个装有书信的箱子，是国王与已经逃亡到国外的贵族以及保皇派之间来往的书信，他们通过书信来讨论如何重新组织力量"复辟"。革命派愤怒了，他们马上采取了行动，1793年1月21日，年仅39岁的路易十六被送上了断头台。

得知"靠山"被处死的消息，皮埃尔被吓出了一身冷汗。更令他惊慌的是，在那个装有密函的箱子里也有他写给路易十六的书信，里面是他为了保护王权而提出的种种建议。如今书信落到了革命派手里，皮埃尔后悔极了，觉得当初就不该写那样的信。但当初谁又能预知事情会发展到现在的境地呢？有时候一切都是命数。事已至此，他也只能听天由命了。

怀着这样的心情，皮埃尔躲在自己的庄园里，静静观察着事态的发展。一家人过得提心吊胆，他们一方面盼望着有新的消息，一方面又害怕听到什么消息。国王被处死之后，王后也紧接着被处死，心中的期盼慢慢破灭，只剩下了绝望。

次年6月，另一个更加惊人的消息传来——保皇派的化学家拉瓦锡被处死。好友的死给皮埃尔造成了极大震动，同样十分震惊和伤心的还有厄留蒂尔·伊雷内·杜邦。

拉瓦锡可称得上是厄留蒂尔的启蒙导师，也是厄留蒂尔一生中最敬仰的人之一。在拉瓦锡的实验室里，厄留蒂尔学到了丰富的知识，了解了火药制造的过程，见识了化学的魅力与神奇，这对他今后的人生道路有着极其重要的影响。

23岁的厄留蒂尔有些无法接受这个噩耗，他无法将自己最尊敬的恩师和断头台联想在一起，他觉得自己的生命得到了拉瓦锡的引导，所以每时每刻都能感受到他的影子。后来，厄留蒂尔开设了自己的公司，工厂里制造火药的装置和设备都是仿照瓦锡的化学实验室配置的。

历史尽管在前进的过程中会遭遇险阻，但前进的大方向是改变不了的。法国大革命的爆发，让更多普通人获得了"自由"——身体上的以及精神上的。自由也是相对的，在阶级斗争的年代，一个阶级的自由是建立在另外一个对立阶级不自由的基础上的，可以想见，法国资产阶级革命的爆发让保皇派失去了自由。

在革命爆发之初，皮埃尔就一直处于极度担心中，他担心这种历史趋势会成为现实，那么他作为保皇派的一员就什么都没有了。更令人害怕的是，很多人会在这场革命中丧命。

通常人在有不好的事情发生时会事先有所警觉，整日提心吊胆、寝食难安的皮埃尔·塞缪尔·杜邦也预感到会有什么事情发生。果然，当革命派拿到那个装有密函的箱子后，发现了皮埃尔写给路易十六的"反革命"信函。

1794年的一天，天还没有亮，睡梦中的皮埃尔被一阵急促的脚步声惊醒，那脚步声在寂静的黎明显得异常沉重，他猛地坐了起来，想要分辨这究竟是梦境还是现实。但是还没等下床，门就被撞开了，他没有来得及思索，也还没来得及说话，就被一群手持枪械的人带走了，并被关进了监狱。

皮埃尔是家里的顶梁柱，他一被捕，家里顿时乱作一团，原本平静幸福的杜邦一家陷入了一片惊慌之中。

身陷囹圄的皮埃尔分析着外面的局势，也分析着自己接下来的命运。他越想越绝望，他觉得自己一定会被处死。然而当他想到儿子和妻子时，强烈的求生欲望又陡然在他心中萌发。他不想等死，于是萌生了"逃出去"的想法。

当时正处于大革命期间，社会秩序还很混乱，新旧制度的更替也极其不完善，至于监狱的看管也并不森严。制度的纰漏让皮埃尔有机可乘，他巧妙地抓住了一个空当，乔装成一个医师逃了出来，回到了家。

在那个早晨，厄留蒂尔刚刚起床，就看见家里走进来一个头发乱蓬蓬的人，进来后迅速将门反锁。他心里有些惊慌，但定睛一看，这个老医师正是自己日思夜想的父亲化装的。

皮埃尔回到了家，一家人又团聚在了一起。短暂的高兴过后，皮埃尔更多的是担心，大革命的趋势已经很明朗了，他深知路易王朝覆灭的结局是无法扭转的。他密切观察着时局的变化，也对当时的局势有了大致清晰的认识。当时控制大局的是雅各宾派的罗伯斯庇尔，他是个强硬派人物，誓要将封建制度连根拔起，铲除所有与王室有瓜葛的成员，当然皮埃尔·塞缪尔·杜邦一家也不能幸免。

皮埃尔在家里躲避着，但这样的安稳并没有持续多久，很快，他再次被捕入狱，更加不幸的是，厄留蒂尔·伊雷内·杜邦被指控犯有"窝藏罪"而与父亲一同入狱。

再度入狱的皮埃尔很是自责，他觉得是自己连累了儿子。但厄留蒂尔丝毫没有责怪父亲，他只是担心已有身孕的妻子苏菲娅。苏菲娅是一个聪明的女子，又懂得体贴照顾别人。有一次，因为担心在狱中的丈夫和公公，特意将自己乔装打扮了一下，她尽量把自己的头发弄得乱蓬蓬的，又把脸涂黑，就这样她混进了监狱，见了杜邦父子一面。苏菲娅的举动深深地触动了厄留蒂尔，他被妻子的勇敢感动了，要知道一旦被人发现，她也会马上被捕入狱。

患难见真情。多年之后，厄留蒂尔还清楚地记得那个头发乱蓬蓬的形象，他对那件事念念不忘，深深感动于妻子对自己的爱，也佩服她的勇气和魄力。

杜邦父子两人在狱中度日如年，天天盼着日子过得快一点，但随着时间一点点流逝，他们又不知道为什么要这么想。他们不知道等待他们的将是什么，也许盼着日子过得快一点，他们也能更快地知道自己究竟是什么下场，是上断头台吗？这样至少也算是一种解脱，因为时刻处于一种假想的恐惧中并不是一件好玩儿的事。

也许连他们自己都不敢奢望还会有生还的机会，但历史的发展就是这样，谁也猜不透会有怎样令人意想不到的风云变幻，也许还会给一些人提供生存与发展的契机。皮埃尔父子就得到了历史的这种"恩赐"。

1794年7月,时局发生了重大变化,雅各宾派的内部发生政变,对贵族恨之入骨的罗伯斯庇尔被处死,改由督政府掌控大局。督政府并不像罗伯斯庇尔那样要对贵族"赶尽杀绝",这一变故彻底拯救了皮埃尔父子,不久,他们被释放。

杜邦父子回到了家中,这一次皮埃尔心里踏实多了,因为上次是越狱,而这次是释放。在非常时期就要安分守己,老实做人,稍稍出一点差错,就会连累到整个家族,皮埃尔太清楚这一点了。所以,之后的一段日子里,他安心地待在家,一步也不离开自己的庄园。

此时的时局并不稳定,尽管督政府掌握了大权,但国内的矛盾层出不穷,导致大革命的战火一时无法平息。当时,由于战争耗资巨大,政府不得不采取措施,增加了税收,并将公债贬值。然而,这两项措施的实施引起了利益受损方的强烈不满,面对混乱不堪的局面,督政府也束手无策,只好将战火持续,以民族矛盾来掩盖国内矛盾,具体做法就是对外宣战,以团结起国内民众,转移国民的视线。

随后,法国即对英国、瑞士、罗马共和国等国发起了战争。此时的皮埃尔也在琢磨着如何主动出击,他看清了当前的形势,法国正值扩张之际,何不将这种扩张引到美国呢?

他是这么考虑的,首先,富兰克林和杰斐逊的关系可以利用;其次,大儿子维克托·玛丽在美国任路易十六的驻美大使,虽然他在1798年离开了费城,但是毕竟对美国的风土人情十分熟悉,也与美国上层社会有一定来往。如此一来，既能帮助法国的扩张又给杜邦家族的振兴寻得了契机。

看清楚了这些之后，皮埃尔马上付诸行动。他先是与儿子维克托·玛丽商议了此事，决定在美国建立一处殖民地——"如果能募股到400万法郎，即400个股东加入的话，那么殖民地就可以建成，到时候可以在那里兴建工厂、教堂……"这是皮埃尔·塞缪尔·杜邦的美好愿景。

接着，他开始募资，游走于法国政府的实业界，向他们大谈特谈在美国建立殖民地的好处。他又重新兴奋起来，是法国大革命爆发以来从未感受到的兴奋。

值得高兴的是，事情进展很顺利，沿着皮埃尔所期望的那样运行着。实业界的大股东们对在美国建立殖民地非常感兴趣，他们纷纷同意出资参与皮埃尔的计划，希望他能实现他们心中的"扩张梦"。

然而天有不测风云，国内的大环境又发生了不利变化，致使皮埃尔的所有计划都被打乱。为了防止曾经的保皇派"死灰复燃"，督政府出台了一条法令：凡是曾经的保皇派，且要求保留贵族称号的人都要离开法国；如果不想离开，则要在7年之后才能享有法国公民的权利。

这一法令对皮埃尔来说是一记沉重的打击，犹如晴天霹雳。这使他陷入了两难境地，要么离开法国，远走他乡到另一个国家生活，像是没有了根的浮萍；要么忍受7年寂寞生活，7年之后才能与其他法国公民一样享有自己的权利。

皮埃尔一家就此事展开了一番讨论。维克托·玛丽自小便是一个好动的人，长大之后仍秉性难改，极不情愿总是待在一个地方，他早就想离开这个"牢笼"了，他更希望到外面的世界看看。另外，他之前已在美国生活了很长一段时间，对美国的生活习惯及文化背景还颇喜欢，因此，他极力动员父亲和家人前往美国去生活。

对于一向沉默少话的厄留蒂尔·伊雷内·杜邦来说，身处在哪里并无太多要求，只是自拉瓦锡死后，他觉得对法国也没有什么可留恋的了，那次事件似乎割断了他与实验室和火药厂之间的关系。他每天将自己关在房间里读书，现在，他又燃起了对实验室的渴望，无论是哪个国家、哪个城市，他只是希望能到一个安定的地方进行自己痴迷的化学实验，施展自己的才能。

一家人商讨下来，发现虽然各人有各人的打算，但最终的选择是一致的。最后，皮埃尔决定举家迁往美国，离开祖辈们世世代代生活的法国。

虽然皮埃尔决定迁往美国，但他依然没有忘记在美国建立殖民地的梦想，他不想轻易放弃。之后的一段日子里，皮埃尔再次奔走于法国实业界，希望得到更多的资金支持。

但时过境迁，此时的实业家们认为那就是一个肥皂泡似的梦，没有人再愿意资助皮埃尔了。或者也有另外的原因，皮埃尔决定举家迁往美国，这使得实业界人士对其不再信任。总之，不管出于什么原因，皮埃尔·塞缪尔·杜邦的这个大计划破灭了。

皮埃尔的理想泡汤了，他也像失去了支撑一样，整个人显得很失落。但同时，他的内心正在酝酿着另外一个大理想，不过不是在法国实现，而是要去异乡美国来完成了。

1799年10月2日，皮埃尔·塞缪尔·杜邦一家从诺曼底的哈弗尔港出发，乘坐"美国之鹰"号客轮横越大西洋，踏上了前往美国的征途。他无论如何也不会料到，多年以后，他和他的后代们发现，美国竟然是最适合杜邦家族生存的土壤。

4. 殖民地的梦

皮埃尔在法国实业界遭受了一次重创，他意欲在美国建立殖民地的伟大梦想破灭了，但他不会知道，举家迁往美国的决定是多么明智，这要比他建立美国殖民地的计划不知恢宏多少倍。

1799年10月2日，杜邦家收拾好行李之后，登上了开往美国的"美国之鹰"号客轮。码头上送行的人很多，放眼望去，满是离别的场景。有的人泪水涟涟，有的人深情拥抱，还有的挥手告别。

杜邦一家登上船后，找到了自己的船舱。维克托·玛丽显得很兴奋，表情也极为轻松，由他指挥着搬运工往船上搬运杜邦家的行李。厄留蒂尔站在妻子苏菲娅身边，一如既往地沉默不语。苏菲娅穿着一件长度到脚踝的黑色衣服，显得脸色更加苍白，她站在丈夫身边，神情复杂，仿佛在思考着未知的未来。厄留蒂尔一会儿抬头看看阴沉沉的天，一会儿注视着周围忙乱的人们，显得局促不安。

美国会是怎样的一个国家？他们在那里将开始怎样的生活？

是一个崭新的世界吗？他还可以继续与化学和火药为伴吗？想到这些，厄留蒂尔开始渴望新生活的到来了。

伴随着轰鸣的汽笛声，"美国之鹰"号驶向了大西洋。皮埃尔站在甲板上，显得很疲惫，眼睛周围泛起了黑眼圈。冷风吹了起来，他整理了一下脖子上的方格呢围巾，让它遮住自己的半张脸。他眺望远方，好似在回顾往事，又好似在揣度未来。这么大的一家子人从法国迁往美国，该有多少困难和挑战等待着他们呢？作为一家之主，皮埃尔有太多事情要去做了。

很快，他眼中的人、山、高楼都变小了，仿佛巨人脚下的蚂蚁——"美国之鹰"号驶离了诺曼底的哈弗尔港。

"美国之鹰"号是一艘帆船，体积不大，但"年龄"不小。船长跟他们介绍说，当年航海家哥伦布发现新大陆时，乘坐的就是这样的帆船。不过多年以后，前往美国的人们仍然要坐这样的帆船，就有些让人唏嘘了。

"美国之鹰"的名字也并不符合事实，那船丝毫没有鹰一般的雄壮和勇猛，而是像一个病入膏肓的老人，残旧又摇摇晃晃。船上的人都为这艘船能否抵御风浪而捏了一把汗。

由于人多，并没有指定某个家族待在某个船舱里，而是所有人都挤在同一个舱内。甲板上躺满了人，他们多是去美国谋生的。在甲板的一角，有一块较为宽敞的地方，那是杜邦家的"领地"。与到美国谋生的难民不同，皮埃尔是贵族，所以随行带了很多古董、银质餐具等贵重物品，足足有几十个大木箱子。"领地"外围坐了十几个人，他们都是杜邦家财富的守护者。

起初几天是很顺利的，人们蜷缩在甲板上展望着未来的生活，谈论着各式各样的话题，还在憧憬着一直向往的美国能否给他们带来好运。甚至有人想象着，有一天自己突然在美国成名了，然后让美国人也体验一下自己此时的窘境——一只挤在甲板上的可怜虫。

厄留蒂尔以前闲暇时喜欢看书，有一次，他看到一本画册上的航行画面。那是一艘红、白、蓝三色相间的美丽邮船，他还曾经把那幅画给妻子和孩子看："多么奇妙的旅行啊！"

而此时乘坐着"美国之鹰"的厄留蒂尔深深感受到，他因为图画而心生的向往是虚幻的。现实总是很残酷，在这艘破旧的船上，耳边传来的都是老人的咳嗽声、孩子的哭闹声、因为拥挤而发生的吵架声，还有发动机发出的难听的轰鸣声。

苏菲娅紧紧地靠在丈夫身边，两人一起同缩在一条潮湿的毯子下面。厄留蒂尔感到船上的空气很混浊，仿佛氧气都快要不够用了。但是他尽量不让自己看起来很烦躁，尽力保持男人的镇定，他不想让妻子感到不安心，他要给她力量。

航行遇到了突发状况。两星期后的一天，旅途疲惫的人们正要入睡时，突然被船身剧烈的颠簸摇醒了。大家纷纷睁开惺忪的睡眼，都想知道究竟发生了什么事情。此时，船身颠簸得愈来愈猛烈，帆船在狂风的作用下剧烈地扭动着，好像整艘船就要被掀翻了。接着，狂风吹起了一波波的海浪，无情地向人们袭来。"美国之鹰"号此时就像一位风烛残年的老人，在浩瀚的大海上毫无目的地漂荡着。

人们开始慌乱了，船舱里和甲板上争吵声此起彼伏，有人因为船身猛烈晃动站不稳而踩到了他人，有人是因为船身剧烈摇晃而晕船，不小心呕吐在了别人身上。

不过争吵声连同受惊吓的孩子的哭声一会儿便没了动静，因为他们意识到了事情的严重性。此时，帆船完全由海浪控制着，一个巨浪就会把帆船托到高处，而随即打过的海浪又将帆船甩到最低点，不一会儿，又一个巨浪过来就会把它推向更高处，人们的心也随之提到了嗓子眼，仿佛一张嘴，心脏就会从嘴里跳出来。

人们被这种场面惊呆了，内心充满了恐惧，彼此也无心再去争吵，他们觉得每个人的生命都连在了一起。

更糟糕的是，自称经验丰富的船长也没有见过这种情况。他说，这条航线他已跑过几十次，即使不用航海图都知道船最终驶向哪里，但这次是一个例外。

船长努力地掌着舵，试图稳定自己的情绪，竭尽所能地让船"听话"一些，可还是失败了。此时它的"脾气"古怪极了，根本不理会船长的摆弄。暴风骤雨使得老船长无法准确掌握航向。最终，这艘船被强烈的海风控制，在漫无边际的大海上无目的地漂着，乘客们也只有将生命交予这艘船，他们的命运已经和"美国之鹰"紧紧地联系在了一起，根本弄不清楚自己身在何方，又将要驶向何方。他们能做的只有祈祷和等待，除此之外别无他法。

这不是皮埃尔第一次面临死亡的威胁，但他不甘心就这样葬身大海。他站在甲板上，眺望着浩瀚的大海，尽量平复自己澎湃的心，祈祷一家人能够平安。杜邦家族此行有13人，除皮埃尔，还有长子维克托·玛丽夫妇和他们的孩子阿米莉娅、查尔斯，次子厄留蒂尔·伊雷内·杜邦夫妇和他们的孩子维克托丽娜、埃维莉娜、艾尔弗雷德，苏菲娅的弟弟，以及普希的妻子和他们三个月大的孩子。

普希没有在船上，他跟母亲先到美国购置房产并负责接船，因为皮埃尔考虑到初到美国举目无亲，应该有人打个前站。在这艘开往美国的帆船上，这13名杜邦人就是未来杜邦家族的祖辈们，从他们开始杜邦家族孕育了一代又一代的精英。

皮埃尔看着自己的两个儿子，内心一阵绞痛，他太怕失去他们了。两个儿子很让他欣慰，长子维克托·玛丽给儿子起名叫查尔斯·伊雷内·杜邦，次子厄留蒂尔·伊雷内·杜邦的儿子叫艾尔弗雷德·维克托·杜邦，两个儿子都将兄弟的名字放在自己儿子的名字中，象征着永远团结的杜邦一家，这让皮埃尔深感慰藉。

这时，忽然一个大浪打了过来，船身跳动了一下，像一匹受了惊的马。接着，船又开始剧烈地左右摇晃。皮埃尔差一点摔倒，厄留蒂尔和哥哥连忙把父亲搀扶到了船舱里面。皮埃尔脸色差极了，他的心里非常不安。

这一夜，也许会被船上的所有人铭记，他们真切地觉察到死神正在悄然走近，心中一遍又一遍地祈祷着。令人激动的是，当东方泛白时，一切又恢复了平静，昨天还在肆虐的狂风巨浪似乎一下子变成了温顺的小绵羊，老旧的帆船也没有被猛烈的海浪击垮，让人兴奋地联想到，它是不是继承了航海家哥伦布的坚强。不过航线发生了变化，已然不是起航时所定的目的地纽约了。

情况丝毫没有变得乐观。帆船又在海上航行了几个星期，依然没有看到任何可以停靠的码头。由于航行日期延长，大大超出了预期，船上的供给已经不够了。

"美国之鹰"号有两次从遇见的英国船只上得到了粮食补给，但还是不够。船员要先吃饱，因为他们需要保证船只的正常航行；孩子也要吃饱，因为他们是生命的希望和延续。

为了维持自己到美国掘金的身体，饥饿的人们开始想办法，先是将三餐改为两餐，两餐改为一餐，到了最后，竟然有人捕捉船上的老鼠充饥，惨状有些接近于颠沛流离的难民。

相比之下，杜邦家的日子好过多了。这要多亏了厄留蒂尔的妻子苏菲娅，因为在上船之前，她为家里人做了各种口味的奶酪，原本这些奶酪是给孩子们做零食，哄着他们玩的，没想到此时竟成了杜邦家救命的食物。除了船上分配的食物，苏菲娅还能给自己的家人每人一块奶酪，让半饥饿状态的家人慢慢品味，得到些许安慰和力量。

饥饿带来的恐慌在整艘船上迅速蔓延，船上的秩序越来越差，饥饿的人们开始互相抢夺食物。也有人打起杜邦家的主意，杜邦家是这艘船上最富有的家族，那些堆放在甲板角落的笨重箱子引起了一些人的注意。当时，皮埃尔身上带着二十多万法郎的金币，行李箱中有一百多万法郎。为了保护自家的财产，杜邦家所有的成年人都佩带起了宝剑，轮流值班守护。

维克托因为看起来更魁梧一些，所以他自觉地申请值夜班，厄留蒂尔因为瘦弱，就值白班。一次，厄留蒂尔和苏菲娅正在拿着剑守护家产时，他们的儿子艾尔弗雷德诧异地走了过去，他抬起小脑袋不解地看着爸爸妈妈，一言不发地待了好一会儿。后来，他好像明白了些什么，严肃地站在了爸爸妈妈的中间。

这个杜邦家族未来的继承人，或许已经初次感受到了什么叫作使命感。

1800年1月，在海上漂流了三个月的"美国之鹰"号终于靠岸了，停在了罗德艾兰州的新港。虽然没有如期到达纽约，但船上的所有人仍然很兴奋，因为他们摆脱了死神的威胁。

经历了非同寻常的海上漂泊，人们看着即将停靠的岸边，不由得热泪盈眶。一时间，说不清是饥饿，是恐慌，还是疲倦，一起涌上心头。当人们的视线可以看到岸上走来走去的行人时，这种心情就越发强烈。

偶尔也有些行人停下脚步好奇地望向这艘破船，它仿佛历尽了风风雨雨，正摇摇晃晃地驶过来。船帆已经破破烂烂，甲板也被海浪冲击得一片狼藉。人们揣测着这艘船上的人经历过什么。不过，这其中的辛酸，哪里是局外人能够感知得到的。

船刚一靠岸，人们就像刚从难民营里逃出来一样，冲出了船舱和甲板，包括杜邦一家人，直奔离岸边最近的一处房子。这是个十分寒冷的日子，人们在风雪中奔跑下来，他们真的是饿坏了，急着找点可以吃的东西。令人沮丧的是，当他们冲到小屋前才发现门是锁着的。

中国古代有名言，仓廪实而知礼节，衣食足而知荣辱。人在特别饥饿的情况下，真是什么都无暇顾及了。他们三下五除二将门窗砸开，一窝蜂地涌进了小屋。奇怪的是，屋里没人，但桌子上有一堆丰盛的美食。

对于被饥饿折磨了好多天的人们来说，这顿热腾腾的晚餐就像是山珍海味。或许，这家人是去附近的教堂里做礼拜了。看着桌上松软酥香的面包，人们眼里似乎噙满了泪水。不过片刻的安静之后，饥饿的人们疯狂地奔向餐桌，瞬间将桌上的食物一扫而光，而后相继离去。

只有杜邦一家人没有吃完立即离开，皮埃尔扫视了四周，找到了纸笔，"维克托，我们给小屋的主人留个字条吧，无论如何，想请他谅解我们，因为大家真的饿坏了。"

维克托理解并支持父亲的这个想法，他拿起笔思考了片刻，给这家的主人写了一封简短的感谢信："因为饥饿，我们未经允许而享用了您的晚餐，感谢你们。"并在落款处注明"一群在海上漂泊了60个日夜的可怜人"，临走前留下一枚足够这顿饭钱的金币。

此时正式踏上美国国土的杜邦一家，即将开启一段堪称传奇的历史。多年后，皮埃尔始终记得那个初次登上美利坚土地的夜晚，他们偷食了别人的食物，在一个陌生人的屋子里享受了最美的餐点。

后来，皮埃尔还专程来到这里，想要找到当初的主人，对他表达自己的谢意和歉意。可惜那栋小屋已经不存在了。

第二章 在美国的土地上

1. 不只要站稳脚跟

这就是杜邦家族初到美国时的境况,有些窘迫,一家人在提心吊胆中吃了在美国的第一顿饭。但这并没有影响杜邦家族在美国扎根发展,有意思的是,就是这顿"没面子"的饭,给杜邦家族带来了难以计数的利益。

"美国之鹰"号帆船的乘客最后在罗德艾兰州的罗得岛登陆。刚一开始,杜邦家族在这个小岛上生活了一段时间,皮埃尔还未制定具体的目标,所以这段日子过得很轻闲。不过,这样的日子并不长,几天之后,罗得岛的当地报纸纷纷报道杜邦家族到达美国的消息,在强大的舆论效应下,杜邦家族结束了漫无目的的生活。

其实,在这之前,皮埃尔已经让继子普希借助舆论的影响,让美国政府和人民提前认识了杜邦家族。普希虽然与杜邦家族没有血缘关系,但他很优秀,也很维护自己的新家庭。另外,皮埃尔在法国是王室贵族身份,而且在美英签订《巴黎和约》中做出了很大的贡献,因此美国总统的乔治·华盛顿对杜邦一家的到来表示了热烈欢迎。

在当地的报道中,皮埃尔·塞缪尔·杜邦的名字被提及了多次,并获得了很高的评价,被称为法国最有才干的人。另外,媒体还对维克托·玛丽给予了充分的肯定。很快,杜邦一家人在罗得岛成了街谈巷议的热点人物。人们都好奇地打听这个家族的来历，想见一见这个家族的成员，因为连美国总统都重视的法国家族，还真是不容小觑。

不久，罗得岛政府找到了杜邦一家，并把他们送到了新泽西州的哈德逊河畔。普希和他的母亲已经在那儿购置了房产，一切都安排妥当了。正因为没有接到皮埃尔的船而担心呢，没想到罗得岛政府会亲自送他们过来。

皮埃尔很喜欢新家，对普希和他母亲选的地方也很满意，为了表示谢意，皮埃尔花70英镑专门买了两个女奴送给了续弦的妻子。之后的一段日子里，杜邦一家都在调理身体，尤其是皮埃尔，他决定用最短的时间恢复体力和精力，然后以最饱满的状态在美利坚的土地上大干一场！

休整了一段日子以后，皮埃尔·塞缪尔·杜邦开始了他的美国造梦之旅。他先是去了纽约，在华尔街的珍珠街短暂停留之后，又去了自由街，并在那里租下了一间办公室，挂上了一张牌匾，就这样，"杜邦贸易公司"成立了。之所以这么做，皮埃尔·塞缪尔·杜邦心里想得很清楚。他知道，要想在美国立足，除了要打响自己的名声之外，还要有自己的产业，只有这样，才能真正地在美利坚的土地上高树起杜邦家族的旗帜。皮埃尔认为，要打响名声，就要靠他的法国贵族身份，以及早年间自己为美国独立战争所做出的贡献。因此，皮埃尔一边为自己造势，一边在认真规划着杜邦家族产业的构建。

皮埃尔深谙舆论造势之道，他相信舆论的力量是巨大的。因此，他多次召开记者会，借助美国舆论界的力量为杜邦家打响知名度。这一招的确奏效，不久，美国的众多民众都知道了有一个法国贵族杜邦家族要在美国发展了。记者们也在私底下纷纷议论，并将自己的言论发表在报纸上，表达着自己的猜测和疑惑：难道这个法国佬要在美利坚的土地上建立杜邦帝国吗？他们凭借什么呢？

皮埃尔在利用舆论的力量上，很有自己的一套。在一次记者会上，皮埃尔大搞声势，"鼓吹"杜邦家族与美国的渊源："各位舆论界的朋友，或许你们会感觉奇怪，一个土生土长的法国家族为什么会到美国来。事实上，杜邦家族与美国的友谊早在十几年前就已经开始了。在美国独立战争期间，我已经为美国的独立做出了巨大的贡献，在《巴黎和约》的签订过程中，我是立下了功劳的……此外，我与富兰克林和杰斐逊交情甚深……"

同时皮埃尔还不忘推介一下自己："而就个人来说，我在外交上很有能力，经济方面也有自己的见解……"这套看似为自己脸上贴金的说辞，实际上并不夸张。皮埃尔是一个极其出色的人才，否则又怎能与富兰克林和杰斐逊成为朋友呢。

在介绍完自己之后，皮埃尔还不忘将家族中的其他男人"曝光"在大众面前。他指着维克托·玛丽，向大家介绍道："这是长子，他是法国第一位驻美国的大使，是一位很有外交才华的社会活动家。在美国工作期间，他为美法关系做出了很伟大的贡献。"

接下来要介绍二儿子了，但皮埃尔看到厄留蒂尔正独自待在角落里看书，他的脸马上由晴转阴，满是不满意的神情。而厄留蒂尔似乎完全对这种场合不买账，尽管父亲在努力地为整个家族打知名度，他仍旧沉浸在知识的海洋中。

皮埃尔对此很不满，他不能理解儿子为何这在这种公众场合依然我行我素，对平时的"恶习"一点都不收敛。事实上，厄留蒂尔·伊雷内·杜邦最讨厌这种场合，人与人之间相互吹捧，毫无真诚可言，尤其是那种自我欣赏、蔑视他人，或以贬低自我抬高他人的场合，厄留蒂尔对此充满了厌恶。虽然在这次记者会中，没有掺杂政治或别的令人讨厌的成分，但他依旧不喜欢，因为他不想在自己还未做出成绩前就在公众面前过分地露脸。

皮埃尔简单地介绍了自己的小儿子，当然只是轻描淡写。当时的厄留蒂尔看起来并不起眼，好像没有什么过多的赞美之词可以用在他身上，他的才华还要积淀一些时日，最后爆发。介绍了厄留蒂尔之后，皮埃尔随即又兴高采烈地向记者们大谈他的计划。

"我宣布，杜邦家族正式进军美国市场，并且将向多产业的方向发展。"皮埃尔一边兴奋地阐述着，一边将计划书分发给在场的记者们。

记者们认真地听着、看着，同时心里又充满了好奇，都在想这个杜邦家族究竟会有多大的成就。也许这些记者们压根就想不到，他们初见的杜邦家族会在不久的将来建立起垄断美国火药市场的杜邦财团。

舆论的力量是巨大的，没用多久，杜邦家族的名声便响彻了美利坚的大地。他的豪言壮语被所有的美国人议论着，有些人表示称赞，也有些人觉得夸大其词。但是总之，杜邦家族成了街头巷尾最热门的话题。

接着，皮埃尔开始了他的下一步行动，建立杜邦家族的产业。他最初的计划是先在美国购买一块土地，然后再高价转让给个体农民。这个计划听起来不错，但具体操作起来效果如何他也不清楚。

皮埃尔做梦都希望自己的设想能够早日实现。他曾经梦见过，一望无垠的土地都归自己所有，它们都被打上了"杜邦家族"的印记，成群结队的人涌过来，祈求能够分到些许土地。

为了实现梦想，皮埃尔·塞缪尔·杜邦开始实行计划，并为之努力。他给时任美国副总统杰斐逊写了一封信，告知他杜邦家族欲购买土地的事情。

但是事情没有皮埃尔想象的简单。杰斐逊收到信后，眉头紧锁，这件事让他很为难。因为当时的国际局势很复杂，法国大革命期间，督政府掌权之后，国内矛盾层出不穷，为了转移民众的注意力，不致矛盾进一步激化，督政府不得不将战火烧到国外，以民族矛盾来转移国内矛盾。

那一时期，法国频繁对外发动战争，美国也在目标之列。法国似乎"有意"要与美国发生冲突，频繁地劫掠美国商船，甚至象征着政府的美国运粮船，法属西印度群岛的"歹徒们"也不放过。美国曾就此与法国督政府方面交涉过，但对方的答复是"不道歉"。这让一部分美国人很恼火，法国原本在美国人心中的美好形象也荡然无存了。

面对如此复杂的局面，且不说美国民众能否接纳杜邦一家，就是政府这一关杜邦家就过不去，杰斐逊可不想背负"卖国"的骂名。所以，一开始，他并不打算给皮埃尔回信，想着哪天得空的时候亲自登门拜访，将这件事当面向他解释清楚。

但事情发展得很快，此前皮埃尔大造声势时，购买土地的消息已被传得沸沸扬扬。杰斐逊知道事情不能再拖了，他马上给皮埃尔写了回信，在信中，他直言不讳地告诫皮埃尔最好打消购买土地的念头，因为现在美国民众的"反法"情绪很高涨……皮埃尔接到信后，先是兴高采烈，以为一定是好消息。但是打开信之后，心里却凉了一大截，他有些失望，不相信老朋友居然如此不给"面子"。

杰斐逊在信里这样写道："老朋友，在美国的土地上到处都是外来人，外来人为这片土地带来了繁荣，但也带来了许多麻烦。所以人们讨厌外来人。"事实也的确如此，法国大革命之后，各派人都涌入美国，他们斗争，他们争吵，实在令美国人很恼火。

不过，皮埃尔一向理智，在做决定时也不是一个头脑发热的人，他仔细揣摩了杰斐逊的意思，很快领悟了，他也做好最坏的打算。最后，他放弃了这个计划，转向贸易公司的发展。

皮埃尔将自己的全部精力都投放到了进出口贸易公司上，打算将此作为杜邦家族立足美国的基础。另外，他还不惜用高薪聘请了亚历山大·汉密尔顿作为杜邦贸易公司的法律顾问，汉密尔顿在美国独立战争期间曾担任华盛顿的副官，后来成了美国政府的财政部长。在财经方面，汉密尔顿几乎是没人能超越的，同时，他还是下届总统竞选中最具实力的竞争者。

皮埃尔聘请亚历山大·汉密尔顿是有自己的考虑的。首先，他想借此扩大贸易公司的名声。皮埃尔很清楚，名声是永久性的财富，是金钱无法取代的。

除此之外，皮埃尔还有另外一层考虑。当时汉密尔顿和杰斐逊同为政府官员，但两人有着"不可调和"的矛盾。在亚历山大·汉密尔顿担任财政部长之前，美国经济处于一片萧条之中，急需另一个"独立日"的出现。

当时，美国的13个州相对独立，尤其是财政上，甚至没有一个统一的管理政策，各州可以自行发行纸币。这样问题就大了，我们知道，纸币的发行是要考虑很多因素的，不可随意发行，但因各州彼此独立，它们都根据自己的需要发行纸币，从而引发了全国性的通货膨胀，物价急剧上涨。

当时的局面极其混乱，美国民众的生活也遭受了严重的影响，在这个紧要关头，亚历山大·汉密尔顿临危受命，出任财政部长。上任后，他马上着手工作，面对无序的财政管理，他大胆地实施了一个"大手术"，即成立一个合众国银行，将各州独立发行纸币的权利全部收回，改由合众国银行统一发行。

这样做可以避免因分散、独立的发行而造成的恐慌和危机，事实证明，这项措施收到了很好的成效。一段时间以后，政府的财政状况得到大大改善，亚历山大·汉密尔顿也成了"美国的英雄"，受到了各界人士的称赞。

亚历山大·汉密尔顿本人也赚了个盆满钵满，而同他唱"对台戏"的杰斐逊心里就不舒服了。汉密尔顿主张将各州的权利收回，由政府统一制定政策后各州执行。杰斐逊的主张与其相反，他认为应该将权力下放到各州，由各州来制定适宜自身发展的政策，这样做的好处是，如果某个州提出了创新性的举措，可以马上制定执行，不必上报政府后再行实施，这样节省了时间，避免了错过最佳时机。

主张的不同导致了两人本身也有些对立，但皮埃尔·塞缪尔·杜邦并不打算顾此失彼，而是采取了"两手齐抓"的策略，杰斐逊是自己的老朋友了，自然不能冷落了他；对于亚历山大·汉密尔顿，目前正受国人的追捧，当然也是要重视的。

因此，皮埃尔聘请亚历山大·汉密尔顿可谓是一举多得，在当时复杂的局面下，或许左右逢源才能获得更好的发展。人们也可以看出，皮埃尔还是很有远见和眼光的。

此时，皮埃尔·塞缪尔·杜邦已经再次燃起了自信。尽管建立殖民地的计划落空了，但他同样可以通过杜邦贸易公司大展拳脚，尤其是有了杰斐逊和亚历山大·汉密尔顿的帮助。但是未来的事情谁也无法预料，两部法令的实施使得皮埃尔的计划再次遭遇阻碍。

2. 父亲的七项计划

在美国建殖民地的计划搁浅了，皮埃尔对此深感惋惜，但他并没有动摇要在美国立足的决心，所以他启动了杜邦贸易公司的计划，这项计划近乎完美，老杜邦皮埃尔也因此踌躇满志，决定大干一场。但是接下来美国针对"外来人员"制定的《客籍法》和《归化法》令老杜邦再次遇阻。

原来，当时很多国家处于动荡之中，一些有识之士认为，无论是经济的发展速度，还是政治的"开明"度，美国都是一个很具发展潜力的国家，也很适于外来人员在此定居和发展。因此，许多权贵或难民都将美国视为新的落脚点，一股脑儿地涌向美利坚，希望在这里扎根。

法国大革命期间大量的保皇派和一部分雅各宾派也迁徙到了美国。在国内，两派人势不两立，吵得不可开交，到了美国的地盘上，他们仍然争吵不休，"热度"丝毫不减。作为外来人员，他们根本不考虑自己的行为会对美国民众造成什么样的影响，更有甚者，有些人一度策划在美国西部组织叛乱。

这种混乱的局面是极不利于美国的发展的，当时的美国还很年轻，它需要的是经济上的快速发展以及政治上的强大，因此，为了避免这种纷扰，美国政府颁布了极富针对性的《客籍法》和《归化法》。

法令规定，总统有权将一切危害美国治安和政治稳定的因素去除，同时，将原本外来人员在美国居住超过5年就可以成为正式美国公民的规定改为超过14年。也就是说，美国政府需要对这些外来人员进行长时间的考验，以防他们在成为美国公民之前触动政府的"敏感神经"，如果触及，他们就会马上被驱逐。

这两项法令本来是针对那些恣意妄为者的，但也波及了安分守己的移民，杜邦一家就是这样。皮埃尔只是希望能在美国扎根，振兴杜邦家族，却因种种法令的束缚而不能大展拳脚。问题很明显，在还没有真正成为美国公民之前，他是不能全方位运行杜邦贸易公司的。迫不得已,皮埃尔紧急约见了老朋友杰斐逊。

两人一见面,皮埃尔便开门见山地将自己的难处说了出来,"总统阁下,为了能让杜邦家族在美国获得更好的发展,以便为您效劳,对于何时能成为美国公民之事,您是怎么看的?"

杰斐逊思忖片刻,缓慢地说道:"我本人也极不赞同《客籍法》和《归化法》,这样吧,让维克托·玛丽首先加入美国国籍如何?"

听到这里,皮埃尔皱了一下眉:"维克托在美国的居住时间根本没达到《归化法》的年限,如果按照规定来办,需要在美国居住14年才可以,他怎样才能加入美国国籍呢?"

杰斐逊说:"这个并不是大问题,维克托在美国居住的年限虽然不够,但是他作为第一位驻美大使,是法国路易王朝派往美国的第一位外交官,理应受到更多的优待,他可以是一个例外。在实施法律的过程中,也常常存在这样的例外。"随后,杰斐逊积极表示他可以帮忙从中斡旋,尽可能促成此事。

不久,皮埃尔收到了杰斐逊的答复——维克托·玛丽成为杜邦家族中第一个真正成为美国公民的法国人,很多迁居者都很羡慕他。杜邦一家为此庆祝了一番,皮埃尔认为这是杜邦家族"征服"美利坚的第一步。在那个并不愉快的秋季里,皮埃尔终于感到了一丝振奋和希望。

现在,这些看似琐碎但很重要的问题解决了,障碍基本被扫除了,皮埃尔·塞缪尔·杜邦开始考虑杜邦贸易公司的运作项目。他把目标放到了海上航运上。他认为,由于大西洋邮轮一向由英国和西班牙把持，美国在海上运输方面要受到诸多牵制。且不说重要的运输航线，单是地中海地区的海运，美国每年都要拿出很大一笔钱给摩洛哥、突尼斯等国，以求得到海上商船运输的许可。

对当前的局势作了分析之后，加上对自身情况的考虑，皮埃尔·塞缪尔·杜邦决定尽早行动。他作了详尽的设想，听上去很有诱惑力。首先，在大西洋航行的邮轮打着美国的旗号，与英国联手一起打击西班牙，因为英国和西班牙之间竞争非常激烈。接着，得到了英国的帮助之后，就可以进一步将法国和西印度群岛之前的海运也搞到手。到那时，不仅美国不必再看别人的脸色了，杜邦家族也会因此一鸣惊人，并且得到美国政府的重视，树立威望指日可待。

之后，皮埃尔将自己的计划告诉了大儿子维克托·玛丽，维克托听后对父亲大加赞赏："父亲，这个计划太棒了！不但能在美国政府面前大显身手，而且每年至少可以获得500万法郎，咱们可以赚到大钱！" 维克托·玛丽非常兴奋，仿佛眼前已经看到了邮轮在呼啸起航。

皮埃尔点点头，觉得儿子的头脑很灵活，也很赞同儿子的判断。他很兴奋，苍老的手中握着的笔仿佛都在颤动。

维克托又适时地提出了一项新计划——走私黄金。他认为，为了航行的安全，人们总是会在船底放置一些铅铸物，而如果将黄金熔进装在船舱底部的铅铸物中，而后走私到西班牙，这样就可以换到美国国内市场急需的羊毛和其他纺织品，岂不是一举两得。

皮埃尔很赞同儿子的意见，两眼因兴奋而放出光芒。很快，父子俩便将整个计划付诸了实施，有条不紊地准备着。

在杜邦家族为这个完美计划忙得热火朝天的时候，有一个人对此却兴趣寥寥，就是杜邦家的二儿子厄留蒂尔。他对父亲和哥哥的"大计划"丝毫不感兴趣，依旧沉醉在自己的化学世界里，不是没日没夜地研究某一化学反应，就是废寝忘食地阅读各种书籍，就好像在为了等待某种机会而积蓄着能量。

事实证明，厄留蒂尔·伊雷内·杜邦一直在积蓄着能量，有一天，机会来了，厄留蒂尔完成了一个惊人的"杜邦计划"，这个计划要比父亲的任何一个计划都出色。

在以后的日子里，老杜邦一共制定了7项计划，但一项都没有实现，是厄留蒂尔的计划使得杜邦家族扬名美利坚，且根基逐渐深厚。这是老杜邦万万想不到的，他可能也不会相信，自己那个沉默寡言的儿子会有一天如此夺目。

当然，也许厄留蒂尔·伊雷内·杜邦自己也并未料到，他只是对化学感兴趣，只是执着于自己的努力和爱好，但就是这样一个小时候常缩在一角读书的安静孩子创造了家族的一段传奇。

皮埃尔父子制定了出航的日期，而且越来越近了，出航前的各项准备也已妥当。但事情出了岔子，英国和西班牙由敌对达成了和解，双方不再是竞争关系，而是联合垄断。这个消息让皮埃尔倒吸了一口凉气，心想着，原本严密周全的计划这下可能又要泡汤了。

事情果然如皮埃尔所料，英国和西班牙联手之后，决定垄断整个大西洋的运输，禁止其他商船在此经过。听闻此事，皮埃尔气急败坏地骂道："没用的英国佬，胆小鬼，连西班牙都对付不了，还妄想做什么呢！"

事已至此，计划只好搁置。老杜邦的情绪很低落，但他并没有就此罢手，他又想到了第三项计划：与西印度群岛的一个法属小岛进行贸易转换，以便获得货物差价利益。这个计划是十分可行的，皮埃尔估计，如果它能够顺利施行，所得利益会相当可观。而且，如果以此作为突破口，扩大贸易往来，那么今后杜邦家族就可以向垄断型贸易转化。

不幸的是，老天再次跟老杜邦开了玩笑，待到他将各项准备工作办妥，传来了"噩耗"——法属西印度群岛黑人起义了，他们决定誓死抵抗企图恢复奴隶制的拿破仑。

这一消息将皮埃尔的计划全盘打乱，法属西印度群岛爆发了抵制法国的革命，如果依旧按原计划进行，岂不是"羊入虎口"。

老杜邦的计划再次夭折了，内心的失落可想而知，但他也清楚，虽然自己曾"有恩"于美国，但决不能靠着这点"恩德"去博得美国人的施舍，况且这也不是自己的个性。尽管三次计划都失败了，但老杜邦并没有就此消沉，反而更坚定了信念——杜邦家族一定要在美利坚的土地上站稳脚跟。

之后，老杜邦又相继制定了第四项、第五项、第六项、第七项计划，但每次计划万事俱备时，总有突如其来的变故使整个计划中途"刹车"。好像老杜邦辛辛苦苦拟订出的计划，在美利坚看来就像是一把"利剑"，必须要将其及时阻止，这真是一件让人无奈的事。

美利坚的土地没有垂青老杜邦，连一次成功的机会都没有给他，老杜邦在失败中痛苦地挣扎着。

早在年轻时代，皮埃尔·塞缪尔·杜邦对政治、经济等方面就颇为了解，也清楚创业的艰难，但他没想到的是，在美国创业要比他想象的难上几十倍。他不能理解，每次计划事先都设想得可行而严密，但为什么最终会因为各种各样突发的变故而功败垂成。

经历这么多次打击之后，老杜邦有些灰心了，斗志也被磨得所剩无几。往往人在极度失落的情况下会想到家乡、想念亲人，此时旅居国外的老杜邦也想"家"了，他从小生活的"家"，真正属于他的"家"——法国。自己背井离乡离开了祖辈们世世代代生活的那片土地，在异国他乡的创业过程中又屡屡受挫，想起这些，他内心一阵酸楚，落叶归根的念头在他心里滋生——他想回去了。

这时，恰好拿破仑对旧王党派颁布了特赦令，老杜邦更加坚定了回到法国的决心，他时常感觉那片他生活多年的故土在伸手召唤着他。

如果杜邦一家在这个时候迁回法国，那么一定不会有杜邦财团的故事发生了。本来已经下定决心回国的老杜邦，最终还是留在了美国，究竟是什么又促使他继续"扎根"美利坚呢？

3. 扬名的机会又来了

几次创业均惨遭重创，皮埃尔·塞缪尔·杜邦有些心灰意冷了。如果继续待在美国，他对前途并没有把握，充满了迷茫，他想了很多，最后生了退却之心——他想回到孕育自己的故乡法国。

老杜邦跟家人说了自己的决定，一家人坐在一起商量这件事情。两个儿子并没有劝阻父亲的决定，他们很理解父亲的心境，创业不成对他的打击很大，加上当时皮埃尔已年过六旬，他们认为让他回到故乡也许是最好的选择。所以杜邦一家定下了返回的日期，行李也已收拾妥当，老杜邦在等待着重温他的"法兰西之梦"。

但是有时候世间的事真是峰回路转，柳暗花明。如果你对一件事执着了很久，但怎么都达不到目标，当你正要绝望想放弃的时候，不妨再坚持一下，说不定在下个转角就会遇到转机，因为此前的一切失败都是命运对你的考验。

皮埃尔·塞缪尔·杜邦就是这样，此前多次的重创，让原本斗志很高昂的一个人一下子变得消沉了很多，但谁又能否定那是老天对他的考验呢。正当杜邦一家准备起身返回法国时，一个绝佳的机会出现在了的面前。

1802年4月18日，杰斐逊给皮埃尔·塞缪尔·杜邦写了一封信，此时杰斐逊已取代亚当斯成了美国的第三任总统。信的内容大致如下：

"不久前，得知先生你要起身回国了，在此，希望先生能帮我带一封信给美国驻巴黎公使罗伯·科文斯顿。信中所涉及的事情事关国家机密，请先生务必亲自交予公使。当然，不隐瞒先生，先生可阅，并请给予相应的意见……"

老杜邦收到这封信后，思索了片刻，而后打开了里面的密函。

他看完之后，脸上慢慢浮现出了笑容，他觉得杜邦家族"扬名"的机会来了。尽管他没有把握能够抓住时机促成此事，但他觉得只要有机会就有成功的可能。老杜邦是一个对挑战充满激情的人，这封密函又让他重拾了信心。信函内容摘录如下：

"……拿破仑想派兵镇压海地革命，而后将海地作为根据地，从新奥尔良海港登陆，进而占领法属路易斯安那。拿破仑如果占领了路易斯安那，就等于向美国宣战，所以我们一定要与英国联合起来……"

这封语气强硬的信透露的一个主要消息是，不能让拿破仑的"阴谋"得逞。拿破仑一旦成功，密西西比河流域将沦入别国之手，而那些国家将会是对美国不利的，到那时，美国再想做什么恐怕就晚了。

老杜邦似乎明白了些什么，他又把信看了一遍，这次看出端倪来了——难道美国想让我调停美法之间的关系吗？老杜邦认为密信暗含的意思大致如此，这从"先生可阅，并请给予相应的意见"这句话也可揣度一二。

此时老杜邦心中再次燃起了希望之火，对杜邦家族扎根美国再次充满了信心。他认为这是一次绝佳的机会，如果能办成此事，杜邦家族就会成为美国的"恩人"。老杜邦决定接手此事，此前要返回法国的念头也抛之脑后。

当时的美国还只是一个年轻的国家，国土面积仅有80万平方公里，后期它的疆土扩大是源于扩张。当然，扩张并不完全意味着残酷的侵略，也不是野蛮地掠夺别国土地，有时候它只是战乱年代的一种"必要"方式。

除此之外，还有一种更为文明的方式——购买。路易斯安那便是美国从拿破仑手里购买的，仅花了1500万美元便购得了包括路易斯安那在内的214.4万平方公里的广袤土地，折算一下，每公顷只需要3美分！这笔买卖做得简直绝妙，而促成这桩交易的，正是皮埃尔·塞缪尔·杜邦——事后他被称为美利坚的功臣。

现在，路易斯安那州位于美国中部，东邻密西西比州，西接得克萨斯州，南临墨西哥湾，北连阿肯色州，面积12.5675万平方公里。虽然它不是美国最重要的州，但在历史上对美国有着极其重要的意义。

现在来看看当时老杜邦是如何促成这件事的。1763年，法国在英法战争中战败，被迫将路易斯安那让给了西班牙。当时，两国签订了一份条约，规定西班牙不得将此地再转让给其他国家。但是几年以后，为了防止美国的扩张，法国秘密地将路易斯安那收回了。由于要遵守条约的规定，法国没有大张旗鼓地进驻路易斯安那，且保密了一年之久。

杰斐逊听说过此事，但不能确定，正当他四处打听消息时，法国的举动证明了"传闻"是真的。当时，拿破仑迅速决定派兵前往海地，镇压当地的黑人革命，等平定海地后，就会进驻新奥尔良和路易斯安那。

知道了这个消息之后，杰斐逊很担心。他清楚，拿破仑的军队骁勇善战，不可小觑，如果这样的军队进驻了新奥尔良和路易斯安那，无异于"引狼入室"，那样将会给美国带来很大的威胁，因此杰斐逊决定要阻止拿破仑的行动。

在这种危急时刻,杰斐逊给老杜邦写了那封密信,杰斐逊相信老杜邦能读懂自己的意思,不会对此坐视不理;而老杜邦也对杰斐逊的画外音欣然会意,并立即将此事放在了心上,看来两人的交情里自有默契在。

老杜邦经过分析认为,无论是美国还是法国,在路易斯安那的问题上,都不希望兵戎相见,而是想寻求一个合适的解决办法。因此,老杜邦给杰斐逊出了一个主意:购买路易斯安那。

杰斐逊听后喜上眉梢,这正是他的真实想法,但他不想自己动手,希望老杜邦能从中斡旋。此时老杜邦才明白,原来杰斐逊给他写信时就有这个打算了。不过,老杜邦很乐意做这件事,他认为杜邦家族可以将此作为新的突破口,在美利坚的土地上扬名立万。

在老杜邦出面与法国商谈此事之前,杰斐逊告诉他购买价格不能超过1000万美元,如果谈不拢,可以先买下新奥尔良和佛罗里达(东、西),如果这样法国仍然不让步的话,就只购买两者之一。

这是一项特殊的使命,老杜邦对此信心百倍,他相信自己一定会圆满完成任务。老杜邦也并非盲目乐观,他之前曾促成英美《巴黎和约》,所以他对自己游走于政客间的本事还是有把握的,这次也算是"重操旧业"。

也许做任何事情都不是一帆风顺的,哪怕这件事最后做成了,同样会在中途遭遇阻碍。事情并不如老杜邦想象的顺利,中间遇到了一些波折。老杜邦一到巴黎便联系上了罗伯·科文斯顿,紧接着两人火速与法国方面展开接触。

不过，当老杜邦将美国政府的意思透露给法国方面后，法国政府并未对此做出明确表态。在那期间，老杜邦会见了拿破仑本人，就路易斯安那问题与其进行了商谈。拿破仑听说过杜邦家族，也了解到该家族曾对法国做过很多有益的事情，所以他表示，法国随时欢迎杜邦家的人。

谈判的结果迟迟未定，杰斐逊觉得不能再拖延下去了，实在不行，美国可以设法与英国联合起来对法国施压。老杜邦与法国方面的谈判进行得极为艰难，以致杰斐逊想到了以"武力"来威慑法国，就在这种艰难时刻，戏剧性的一幕出现了，拿破仑同意将整个路易斯安那出售给美国。

事情是这样的，拿破仑试图恢复海地的奴隶制，但海地的法军遭到当地人民的强烈抵抗，几乎全军覆没，他的计划失败了。对此，拿破仑有些伤感，因为如果海地拿不下来，要想进驻路易斯安那就是空谈了，这是因为进驻路易斯安那需要以海地作为基地。

另外，拿破仑还有一个担心，他一直试图与英军开战，但那样就会失去对新奥尔良的"控制"，因为英军一定会将其攻陷，断了法军的后路。想到这里，拿破仑认为路易斯安那对法国已经没有作用了，所以决定出售。

在这次购买路易斯安那的交易中，事情得以圆满结束，皮埃尔·塞缪尔·杜邦功不可没，这件事既是杰斐逊政府的功劳，也是杜邦家族的功劳。事后，杰斐逊写信给老杜邦，称他出色完成了交易，可为千千万万的后人造福。

一些史书曾对此作了如下评论：皮埃尔·塞缪尔·杜邦的做法

不知道能否真的为后人造福，但在那一时期，而且几乎是同时，杜邦家族就得到了巨大的回报——厄留蒂尔·伊雷内·杜邦的火药厂自建成之后，得到了美国政府的大力支持。

4. 第八项计划

老杜邦常常会对两个儿子的性格反差感到讶异，哥哥维克托·玛丽争强好胜，做什么都很高调，厄留蒂尔·伊雷内·杜邦的个性却截然相反——沉默寡言是他最大的特点。老杜邦想，要是自己也是这样的个性，作为路易王朝的贵族，恐怕断然是无法促成《巴黎和约》的。

皮埃尔在所有的公开场合都带着维克托·玛丽，他觉得大儿子是自己的最佳拍档，而厄留蒂尔·伊雷内·杜邦丝毫起不了什么作用，就索性让他安静地待在家里读书。

厄留蒂尔·伊雷内·杜邦可以坚定地活在自己的世界里，丝毫不被父亲和哥哥的疯狂设想干扰。他喜欢苦心钻研化学，并且动脑思考很多事情，虽然他不善言辞，但极善于观察环境，可以准确地分析出有利或不利的因素。

看似对父亲和哥哥的行动并不关心，但厄留蒂尔·伊雷内·杜邦没有停止过思考，他认为父亲和哥哥的方案看起来不错，但实施起来会遇到问题，比如生产和销售的矛盾。不论是生产出的东西找不到销路，或者是找到销路后没有产品可卖，都是严重的问题。

洞悉这些规律之后，厄留蒂尔·伊雷内·杜邦也在研究自己的一套"生财之法"，他觉得选择生产更重要。如果能依据市场的需求创立属于自己的产业，而后带动整个商业，那么无疑收益将会是巨大的。

有了这个思路后，厄留蒂尔·伊雷内·杜邦积极地考察美国市场，他要找到需求量巨大的商品，但已经存在的商品不足以带动整个商业的市场空白点——他决定向自己熟悉又在行的火药业进军。

经过一番系统的考察，他了解到，美国市场上现有的火药制造厂规模都不大，而且制造出来的火药品质良莠不齐，就连最好的火药也不是高质量的。于是，他将很大一片区域内的各种火药都买了一点，而后带着这些火药到山上打猎，看看哪种火药的威力最大且质量最好。

一个人的力量是有限的，他选择了在美国结识的好朋友路易·特萨德作为参谋，这位法国小伙子曾在独立战争中屡立战功，做过美国陆军上校，是个优秀的人才。

有一次，厄留蒂尔·伊雷内·杜邦约了路易·特萨德一起外出打猎。在打猎的过程中，出现了一个小意外。林中，一只野兔出现在他们的视野中，厄留蒂尔·伊雷内·杜邦马上举起猎枪，而后扣动扳机。只听"砰"的一声，野兔惊慌而逃——倒不是厄留蒂尔·伊雷内·杜邦的枪法不行，而是猎枪内的火药爆炸了，他的手受了伤。

忍着疼痛的厄留蒂尔·伊雷内·杜邦对路易·特萨德说："还

是你来吧，我的技术不太好。"当时，厄留蒂尔·伊雷内·杜邦还没有意识到是劣质的火药导致了这一失误，以为是自己的枪法出了问题。

路易·特萨德笑笑，接过了枪，他在军中待过多年，什么武器都摸过，自然胸有成竹。他朝着林中一只奔跑中的小鹿扣动了扳机。又是一声枪响，路易·特萨德猎枪内的火药也爆炸了，幸好他没有受伤。

厄留蒂尔·伊雷内·杜邦看着还在冒烟儿的猎枪口说："实在是太糟糕了，美国的火药简直是要人命！"路易·特萨德赞同地点点头，他说："我们在打仗的时候都是用英国制造的火药，基本上不会用美国制造的。"

厄留蒂尔·伊雷内·杜邦摸了摸装火药的袋子，似乎想到了什么。几天后，他又找到了路易·特萨德，想让路易·特萨德陪他去宾夕法尼亚州的法兰克福德火药厂，据说它是当时美国最大的火药厂，厄留蒂尔·伊雷内·杜邦打算看看美国最大的火药厂有多大的规模，更重要的是看看这里制造出的火药质量如何。

厄留蒂尔·伊雷内·杜邦的英文并不流利，如果冒冒失失地前去探访，一定会被拒绝。不过，有了路易·特萨德的陪同，事情自然就顺利得多。

参观完这家火药厂的厄留蒂尔·伊雷内·杜邦很高兴——他有理由相信在美国兴建一座火药厂是一定会成功的，因为这家火药厂近乎一间手工作坊，设备很陈旧，生产过程也不正规，质量自然无法保证。因此，厄留蒂尔·伊雷内·杜邦决定兴建一座比法兰克福德大好几百倍的火药厂。

从宾夕法尼亚州赶回家后，厄留蒂尔·伊雷内·杜邦迫不及待地将自己的设想告知了当时正在准备第七项计划的皮埃尔·塞缪尔·杜邦。"爸爸，我想要建一家美国最好的火药厂，我去考察过法兰克福德火药厂，他们的情况很糟，火药质量极差，经常发生爆炸事故，所以美国军队才会使用英格兰进口的火药！"

听完儿子的设想，皮埃尔·塞缪尔·杜邦也点了点头，他表示赞同，不过他并没有完全放在心上，那时候的老杜邦还是希望自己的第七项计划能够成功。于是他说："好吧，就将你的计划作为杜邦家族在美国发迹的第八项计划，不过这并不容易，前期的筹划、厂址的选择、资金的筹措等事情都要由你自己完成。"

厄留蒂尔·伊雷内·杜邦很有信心地点点头，他觉得自己一定会成功。皮埃尔·塞缪尔·杜邦十分欣慰，因为他很少见自己的小儿子能有这么大的雄心，而且对于办厂的事情也分析得头头是道，他暗自佩服小儿子非同一般的眼光和头脑。

得到了父亲口头上支持的厄留蒂尔·伊雷内·杜邦马上着手去筹划开办工厂的事情。他觉得，与其自己选一个工厂，不如直接买下一个火药厂。随后，他便与法兰克福德火药厂联系，准备盘下这个美国当时最大的火药厂。然而法兰克福德方面根本不想卖掉自己的火药厂，甚至连商量的机会都没有。

无奈，厄留蒂尔·伊雷内·杜邦只能从头开始。此时，在拉瓦锡皇家火药厂工作的经验帮了他的大忙。他清楚，火药厂的选址很有讲究，既要有一条流速可以带动机器旋转的河流，又要有能提供木炭的森林和用以取得硝石的花岗岩。如果单拿出其中一个条件，这样的地方并不难找，然而同时具备三个条件的地方实在是太难找了。不过再难找也要找，心中梦想的实现才是关键。

随后的一段时间里，厄留蒂尔·伊雷内·杜邦以华盛顿为中心，在周边寻找着可以建立火药厂的地址。不过，很长时间过去了，厄留蒂尔·伊雷内·杜邦依然没有找到理想的地址。这时他想到了路易·特萨德，他知道路易·特萨德在美国居住的时间长，必定知道很多他不知道的地方。于是，厄留蒂尔·伊雷内·杜邦找到了路易·特萨德，并把自己选址的要求告知了他。

路易·特萨德仔细聆听了厄留蒂尔·伊雷内·杜邦的几项条件，皱着眉头思考了好一会儿，努力在脑中搜寻那个最合适的地点。片刻之后，他的眉头突然舒展了，他对厄留蒂尔·伊雷内·杜邦说："符合要求的地方好像有一处，在特拉华州的布兰迪万溪……"还不等路易·特萨德说完，厄留蒂尔·伊雷内·杜邦拉着他便走，他要尽快看到那个地方。

站在布兰迪万溪畔的厄留蒂尔·伊雷内·杜邦简直惊呆了，因为这里的自然情况和他的要求一模一样：布兰迪万溪流速很大，完全可以带动机器；在河畔附近，是一座森林，而且山上全部都是花岗岩，木炭和硝石的原料完全可以从山上获得。

顷刻间，厄留蒂尔·伊雷内·杜邦像孩子一样，展开双臂，在河畔飞奔，大声地呼喊着："找到了！我终于找到了！"这个地方便是杜邦财团的发源地，日后源源不断的火药从这里运出，供应着一场场战争的需要。而杜邦家族，也在这一场场战争中，用一桶桶火药换取了一桶桶黄金。

找到了可以兴建火药厂的地址后，兴奋的厄留蒂尔·伊雷内·杜邦马上给杰斐逊总统写了一封信，他知道这样的事情一定得获得政府的支持不可。

在信中，厄留蒂尔·伊雷内·杜邦诚恳地说道："总统阁下，我到美国最大的火药厂——法兰克福德火药厂参观后深有感触，那里生产的火药是要供给美国政府的，但请恕我直言，那里制造出的火药质量并不敢让人恭维……毫不夸张地说，那里的技术要比法国拉瓦锡皇家火药厂落后至少50年……火药对于维护国家安全十分重要，为了保护美利坚的利益，我恳请政府批准我建立一座世界上最大、最先进的火药厂……"

厄留蒂尔·伊雷内·杜邦的信确实说服了杰斐逊，但杰斐逊虽然同意，可绝对不会出资来赞助。因此，厄留蒂尔·伊雷内·杜邦本打算借助美国政府之手创业的计划失败了，他不得不自筹资金。

这一次，又是路易·特萨德帮上了忙。在他的介绍下，法国人彼得·博迪成了厄留蒂尔·伊雷内·杜邦的合伙人。日后，厄留蒂尔·伊雷内·杜邦的女儿维克托丽娜嫁给了彼得·博迪的儿子费迪南德·博迪。

有了资金上的支持，厄留蒂尔·伊雷内·杜邦很快买下了布兰迪万溪畔约0.3平方千米的土地。在反复与地的主人讨价还价后，那块地最终花费了6740美元。

签订地契的时候，厄留蒂尔·伊雷内·杜邦再次遇到了困难。《归化法》中规定，只有美国公民才有购买美国土地的权利。当时，厄留蒂尔·伊雷内·杜邦和路易·特萨德都不是美国公民，而杜邦家族中唯一拥有美国国籍的哥哥并不居住在当地。后来，经过一番折腾，路易·特萨德总算找到了一位当地的朋友，帮忙在地契上签了字，成全了厄留蒂尔·伊雷内·杜邦的豪情壮志。

此时似乎万事俱备了，厄留蒂尔·伊雷内·杜邦下一步要做的便是制订具体的生产计划。经过计算，他觉得将固定资产算在内，再加上购买机器和雇佣人员等，一共需要3.6万美元。火药厂建成后保守估算，一年大约能生产7万公斤火药，纯利润为1万美元。

当厄留蒂尔·伊雷内·杜邦将自己的估算告知皮埃尔·塞缪尔·杜邦后，皮埃尔·塞缪尔·杜邦觉得切实可行。不过他声明，只会拿出2.4万美元给厄留蒂尔·伊雷内·杜邦，其余的让他自己想办法。

厄留蒂尔·伊雷内·杜邦明白，父亲是怕风险太大了，也是并没有完全信任自己的能力。父亲的想法他非常理解，但站在现实的角度上，2.4万美元只占启动资金的三分之二，这是远远不够的。因此，他决定到法国走一趟，一则购买机器，再则筹集资金。

几天后，厄留蒂尔·伊雷内·杜邦便同哥哥维克托·玛丽一同前往法国。之所以要带上维克托·玛丽，是因为他在法国上层社会有较为广泛的交际圈，能帮上很大忙。

果然，凭借着维克托·玛丽以往的关系和父亲之前在法国政界的名望，厄留蒂尔·伊雷内·杜邦联系到了几位较有实力的银行家。他们一致决定出钱出力，赞助厄留蒂尔·伊雷内·杜邦的火药厂。

此外，精明的厄留蒂尔·伊雷内·杜邦还积极地与拿破仑接触，希望得到法国政府的资金赞助和技术支撑。

那时的拿破仑依旧有着征服整个欧洲的决心，法国在准备了一段时间后，决心与英国开战。厄留蒂尔·伊雷内·杜邦抓住了这个机会，表示只要法国政府给予适当的支持，那么火药厂的火药可以在战争开始后无条件地供应法国。

拿破仑很高兴，对厄留蒂尔·伊雷内·杜邦的计划很感兴趣，同时他也很期望法国人能快速地在美国建立起一个与拉瓦锡皇家火药厂相当的可以作为法国征服欧洲的军火基地。在拿破仑的重视下，法国火药局马上找到了厄留蒂尔·伊雷内·杜邦磋商此事。

很顺利，法国政府最终决定给予厄留蒂尔·伊雷内·杜邦充分的技术和设备支持，并鼓励私人到美国投资。

1802年4月，厄留蒂尔·伊雷内·杜邦将一块崭新的"杜邦·尼莫尔火药制造公司"的牌子挂在了特拉华州的布兰迪万溪畔。这家公司是美国最早的股份公司，杜邦家在其中投入了2.4万美元，占有11股，其他参与投资的法国银行家和当时前财政大臣占1股，厄留蒂尔·伊雷内·杜邦的好友路易·特萨德占1股，日后与厄留蒂尔·伊雷内·杜邦成为亲家的彼得·博迪占1股。

这样的股权分配法，保证了杜邦家族在公司中掌握着绝对的控制权。日后杜邦家族在面临巨大难题时，绝对的控股权令其渡过了一次又一次难关。与此同时，皮埃尔·塞缪尔·杜邦为儿子的"杜邦家族第八项计划"折服了，随着第七项计划的流产，他滋生出了重返法国之心。

老杜邦的时代已然过去，杜邦财团的创始人——厄留蒂尔·伊雷内·杜邦独舞的时代悄然到来。可以说，他凭一己之力支撑起了偌大的产业，无论多大的困难，在他面前都只是一个小小的障碍，因为他已经掌握了"逾越之法"。

后来，厄留蒂尔·伊雷内·杜邦的火药厂经过多年的成长与历练，最终成了拥有1000多亿美元的巨大垄断财团，而这个宏大的事业是厄留蒂尔·伊雷内·杜邦开启的。

第三章 初步崛起

1. 火药厂

老杜邦的7项计划都夭折了，这更让他明白在异国创业的艰辛。对于儿子厄留蒂尔·伊雷内·杜邦一次便成功了，皮埃尔很惊讶，但也甚感欣慰。在他看来，杜邦家族可以借助厄留蒂尔的火药厂，"光明正大"地将杜邦家族的旗帜插在美利坚的土地上了。

厄留蒂尔·伊雷内·杜邦打定主意要建立自己的公司，他深知在以后的创业过程中会有很多挑战在等着他，所以他决定搬离新泽西州的家。两个月后，即1802年6月，厄留蒂尔·伊雷内·杜邦携带家眷离开了杜邦家族的众多亲戚，前往位于布兰迪万溪畔的火药厂居住。

厄留蒂尔和妻子苏菲娅带着子女登上了开往特拉华州的轮船，离别时，难免很伤感。但是厄留蒂尔·伊雷内·杜邦决心已定，一定要做出一番事业来，在创业的路上，他绝对不给自己回头的机会。轮船到达特拉华州的新港后，又乘坐了3个多小时的马车，之后到达了他们的新家——杜邦火药制造厂。

厄留蒂尔·伊雷内·杜邦一家初到这个地方时，周围极其荒凉。毫不夸张地说，新建的杜邦火药厂除了牌匾是新的，其他每一处都破乱不堪，称为废墟也不为过。

原本是一些农场工人暂居在这里，自从厄留蒂尔买下这里之后，工人们搬离了此处，庄稼也无人收割，与杂草混杂在一起，显得极为荒凉破败，身处其中的火药厂似乎都要被这种荒凉淹没。

但厄留蒂尔并没有退缩，他清楚这里是他实现梦想的地方，他要在这片广袤的土地上大干一场。

之前农场主居住的房子是用花岗岩堆砌成的石屋，因此厄留蒂尔一家无须再盖住所，只需要把原来的房子收拾得更像家就成了。这一任务自然落在了苏菲娅身上，她聪明能干，是厄留蒂尔的贤内助。

"妈妈，我们不想要住在这里，咱们回家好不好？"厄留蒂尔·伊雷内·杜邦的两个孩子首先被吓傻了，他们不敢相信眼前的肮脏地方就是自己的家。大人们不计较环境的好坏，但孩子们不干了，他们对这个地方似乎有着天生的抗拒和厌恶。他们的儿子艾尔弗雷德和女儿维克托丽娜躲在苏菲娅的身后，不住地打量着四周和眼前的石屋，这真是与他们在新泽西州的家有着天壤之别。

厄留蒂尔一点都不介意居所的简陋，他只关心他的火药厂，脑子全被日后一桶桶的火药占据着，此刻容不下任何东西。尽管环境恶劣，创业之初会遭遇很多困难，但他不停地给自己鼓劲，"这就是我的家，我必须要克服所有的困难，无论是身体上的还是精神上的，阻碍创业的因素我必须将它们消灭！"

苏菲娅很理解丈夫的心情，她很支持他。在接下的几天里，任务就是要将住所收拾妥当。只见苏菲娅从容地指挥着从新泽西州带来的两个佣人，清扫房间，摆放家具，扫除墙角积得厚厚的蜘蛛网，一切都显得有条不紊。

这时候厄留蒂尔一个人不声不响地扛着铁锹出去了，他打算在房子周围栽上一些植物。他小心翼翼地将那些种子放进土里，那些都是他从法国带来的珍贵品种。厄留蒂尔·伊雷内·杜邦也希望自己能和这些种子一样，虽然来自法国，却能够在美国的土地上茁壮成长。

房子几天就收拾好了，这天苏菲娅带着一双儿女出去散步，沿着布兰迪万溪畔一直走到了不远处的威尔明顿，她是想让孩子们尽快熟悉这个地方，因为这里将会是他们长久的家。后来，这里果真成了杜邦家族的大本营，直到1920年，这家位于布兰迪万溪畔的杜邦家族的第一家火药厂才被关闭。

事实证明，厄留蒂尔·伊雷内·杜邦是颇具眼光的。当时他决定在这里选址，令很多人不能理解。特拉华州是美国的第二小州，面积只有9912平方公里，因为人们多喜欢繁华热闹的都市，不愿意待在安静浓郁的森林之中，所以这里的人口也相对稀少。但厄留蒂尔偏偏坚持选择在这里建厂，他认为这里很符合开工厂的条件。这就是厄留蒂尔·伊雷内·杜邦异于常人之处，他要将自己的生命与火药厂绑在一起。

刚搬到新住处的厄留蒂尔·伊雷内·杜邦一家，居住环境十分不好。当时正值7月份，特拉华州炎热无比，他们一家又住在靠近森林的地方，空气湿度相对比较大，这使得空气更显憋闷，呼吸很是困难。更糟的是，炎热的夏季传染病很盛行，因此厄留蒂尔一家还要每天担惊受怕，生怕感染上某种疾病。

接下来的一段日子里，因为订购的机器还没从法国运过来，趁着这段空闲时光，厄留蒂尔恶补了一阵英语。在进行选址考察的时候，厄留蒂尔已经了解到这片地区有很多法国人，到时候可以雇佣大量法国人来规避语言障碍。这是他提前想到的办法，但既然已经来到了美国，"入乡随俗"还是要的。

无论多么劳累，他在每天晚上的9点，都会找到一位身材胖胖、喜欢穿黑色衣服、戴黑色纱帽的法国老处女学习英语。在学习英语的同时，他还在尽快设计工厂的建造图纸。

开始时，他请了一位很有名的设计师来为工厂设计图纸，作品看上去很棒，仿佛无可挑剔，但不符合厄留蒂尔的理念，也不适合1802年的美国。毕竟美国的火药制造业落后于欧洲不止十年二十年，而是近乎半个世纪。所以他决定亲自设计，以"安全"为设计宗旨。

为了赶进度，厄留蒂尔每天都工作到深夜，他想要建一座与拉瓦锡皇家火药厂相似的工厂。功夫不负有心人，颇具才华的厄留蒂尔终于画出了一张杜邦式的火药厂建筑图纸，在设计的过程中，他不断地回忆着拉瓦锡皇家火药厂的建筑形式，两者有不少相似之处，厄留蒂尔对这一设计也很满意。

图纸设计好了，接下来就要将火药厂搭建起来了。厄留蒂尔马上雇用了一批工人，加班加点地开工了。到1803年2月，火药厂的雏形已基本落成，重要的厂房也相继竣工。

在一般人看来，这座火药厂看上去与普通的火药厂很不像，稍显得有些奇怪。根据厄留蒂尔的设计，厂房的三面墙壁都用巨大的石头垒砌而成，剩下的一面只用薄薄的木板，看上去很是"薄弱"，这面墙壁正对着河流。这样的厂房设计让工人们很是费解，他们认为老板这样做肯定是为了节约材料。

其实，厄留蒂尔有他自己的考虑。一般的火药厂都是四面墙壁，建造得十分结实，这在一定程度上起到了保护的作用，但是这样的建造形式也是极具危险隐患的。火药是危险品，一旦发生爆炸，后果不堪设想。

火药厂的老板对此很清楚，因此在建造厂房的时候，尽可能将墙壁建得足够结实，这样就可防止外界的一些危险因素"进入"火药厂内。这样做有一定的道理，但也加大了危险隐患，因为火药爆炸并不都是由外界因素引起的，内部的很多因素比如工人的疏忽、机器摩擦过分剧烈等，都有可能诱发爆炸。

如果在这种情形下爆炸，产生的巨大能量无法得到释放，势必会引起"全面爆炸"，即在全封闭的火药厂内迸发。也就是说，当火药在全封闭的空间内爆炸时，四周墙壁会受到同等的冲击，如果威力足够剧烈，整个房子都有可能被掀上天。

这样一经对比就会发现，厄留蒂尔的设计是很合理的。将一面墙用薄木板代替，即使发生爆炸，也可大大减弱冲击。加上木板墙又对着河流，火药产生的威力会被进一步降低。可以说，杜邦家族的火药厂在当时是极为安全和先进的。

另外，为了最大限度地避免突发爆炸事故对其他厂房的"株连"，厄留蒂尔将厂房间的距离加大到一定程度，即使一个厂房爆炸，也不会殃及其他厂房。这样一来，杜邦家的火药厂更显得安全多了。由此也可以看出，厄留蒂尔·伊雷内·杜邦的确是一个颇具才华的人。

厂房已建得差不多了，剩下的就是安装从法国运来的机器了，之后便很快投入了生产。但是令厄留蒂尔始料未及的是，他们制造出来的火药并没有得到更多买家的追捧，市场反应极其冷淡，这让厄留蒂尔陷入了窘境。不过，这次父亲皮埃尔帮了厄留蒂尔的大忙。

2. 从现实到奇迹

为了发展自己的事业，厄留蒂尔·伊雷内·杜邦一家离开了新泽西州，在特拉华州的布兰迪万溪畔安了家。那里树木葱郁，地域广袤，让厄留蒂尔感受到了无限的力量。在那里，厄留蒂尔·伊雷内·杜邦建起了一座花岗岩工厂，并一步步地接近自己的理想。

从法国订购的机器到了，还有随行的机器安装师，这让厄留蒂尔很兴奋——机器安装完毕后，就可以上投入生产了。厄留蒂尔订购的机器与美国国内使用的不同，在当时看来是很先进的。

安装工作进行得很顺利，这让厄留蒂尔信心大增。他不顾及自己老板的身份，与工人们一起忙活，甚至会亲自动手拧每一颗螺丝钉。他的脸因兴奋而涨得通红，在阳光的照射下显得格外红润，一颗颗饱满的汗珠从额头滑落到下巴，他也顾不得擦。

有时候，因为太忙碌，他会忘记吃午餐的时间，一口气忙碌到黄昏，这时，他只得歉意地对机械师说："真是对不住，咱们只能晚餐和午餐合在一起吃了，不过倒是多做了不少工作！"

忙碌了几天之后，所有机器均已安装完毕，细心的厄留蒂尔又一一检查一遍，以确保万无一失。一切就绪后，敲定了开业典礼的日期，准备投入生产。

厄留蒂尔很敬重自己的父亲，他写信邀请父亲来参加开业典礼，希望跟父亲一起分享这种喜悦感和成就感。此时老杜邦不在美国，他正在积极地与法国方面接洽，商谈购买路易斯安那的事情。

收到儿子的邀请信，老杜邦很开心，他将儿子一步步的努力都看在眼里，从厄留蒂尔起初的设想，到筹集资金、选址、购买机器，最后建成了火药厂，现在又马上投入生产了，老杜邦很为儿子感到高兴。但他也感到愧对儿子，在整个过程中，老杜邦只资助了厄留蒂尔2.4万美元，也没有帮着操办其他事情。

由于有重要任务在身，老杜邦无法赶到儿子的工厂参加开业典礼，他给厄留蒂尔回了一封信："我的儿子，伊雷内，你做得很好，我很高兴能在有生之年看到后辈们为杜邦家族做出的贡献，希望你再接再厉，将杜邦家族发扬光大……我因为有要事在身，所以不能如期返回，无法参加火药厂的典礼了。我相信你会把一切料理妥当，你已经能代表杜邦家族了……等着我凯旋的消息吧，任务一旦完成，杜邦家族的火药厂将受益无穷……"

这封信读来感情充沛，字里行间流露着父亲对一个儿子的肯定与赞赏，这是老杜邦发自内心的话，也是最真心的一次赞美。但父亲届时不能到场，还是让厄留蒂尔有些遗憾。

老杜邦也许根本想不到，"不起眼"的小儿子日后会成为杜邦家族最大的骄傲。厄留蒂尔·伊雷内·杜邦自小就沉默寡言，成人以后也并不健谈，所以相比哥哥维克托·玛丽，在父亲的眼里他永远是一个"不起眼"的儿子。但是就是这个"不起眼"的儿子成就了杜邦家族，后来维克托·玛丽落难了，厄留蒂尔谨守着"成人宣誓仪式"上的誓言，尽全力帮助哥哥，将其从泥淖里拉了出来，让后人见证了两人血浓于水的手足情。

收到父亲的回信，厄留蒂尔有些失望，但他转念一想，何不给父亲一个惊喜？他打算在父亲回来之前尽力将火药厂经营得红红火火，让父亲知道杜邦家族有能力在美利坚的土地上占据一席之地。打定主意之后，厄留蒂尔加快了生产前的各项工作进度。

1802年3月15日，厄留蒂尔·伊雷内·杜邦的火药厂开工了。他雇用了一大批女工，负责烧炭工作，她们的工资要比男工低1/3，但并没有因此消极怠工，手巧的她们烧出的炭质量极高。厄留蒂尔望着炭窑里冒出的青烟，那些轻烟好像有着曼妙舞姿的少女，优美地飞上天空，与云朵一起追逐嬉戏。那一刻，厄留蒂尔好像看到了光明的未来在向他招手。

开机时间定在了上午8时，只要机器运行正常，工厂可以马上进入生产环节。时间到了，工人们停下了手中的活，现场一片寂静。看得见机器的就盯着那个大家伙，看不见机器的就侧耳听着，好似在听一场美妙的音乐会。

可是时间一点点过去了，厄留蒂尔没有听到机器的轰鸣声，而是听到了工人们叽叽喳喳的议论。"嘿，看见了吧，根本就转不起来。""看来老板购买的机器是残次品，干脆当废铁卖了给工人们发工资吧。"随后是一片爆笑声，那机器仿佛仍旧不肯配合，一动也不动地躺在那里。

厄留蒂尔对此充耳不闻，他只关心机器。他纳闷极了，那机器的每一个细节和零件他都很熟悉，没有任何理由会出现失误。焦急的他马上跑进工厂，向机械师询问机器为何不能运转，机械师检查之后并未发现任何毛病，也就是说，问题不是出在机器上。

这时，看守水车的工人跑过来说："水流的动力不足以带动机器的涡轮旋转。"此前，厄留蒂尔在河流中装上了水车，借助水流带动机器涡轮。在选址的时候，他以为天然的水流动力足够带动机器了，就没有在河流上游修建水坝，现在看来，是非修不可了。

人们带着失望的神情散去了，厄留蒂尔有些懊恼，如果这些事情能够早些预想到，就不会发生这样的失误了。但是此时此刻，事情既然已经发生了，垂头丧气总不是一种明智的选择，最好的做法就是收拾情绪，继续努力。

随后，厄留蒂尔带着几个人去查看河流的情况，一行人来到了河畔，厄留蒂尔发现了问题，河水的流量怎么突然变小了？随后几个人沿着河流往上游走，很快厄留蒂尔就明白了是怎么回事，将火药厂所在土地卖给他的那个农场主在上游修建了一座水坝，想用这种办法控制火药厂的命脉——如果厄留蒂尔想要得到相应的水流量，就必须支付给他相应的费用。

厄留蒂尔岂能受制于人。他马上写信给亚历山大·汉密尔顿，即华尔街杜邦·尼莫尔火药制造公司的法律顾问，厄留蒂尔表示农场主的做法简直欺人太甚，请他务必将此事解决。

厄留蒂尔在信中写道："美国是一个充满着外来人的国家，但是让我感到生气的是，它竟然处处刁难外来人。就像那个农场主，我们已经完成了商业交换，可是他竟然在上游修建水坝，目的太明显了，我很生气，影响火药生产的每一件事情是大事情。"

很快，亚历山大·汉密尔顿按照厄留蒂尔的意思，将这件事办妥了，上游水坝的使用权归了火药厂。如此一来，布兰迪万溪流域的水流量更大了，流速比过去增加了一倍。工厂正式投入了生产，厄留蒂尔和工人们高兴地欢呼呐喊，轰鸣的机器声响彻云霄。

火药厂正式投入使用了，一系列工作步入正轨，工人们的干劲很足，热情也十分高涨。姑娘们拼命地烧炭，男工们则上山开采矿石，将一吨吨的花岗岩运到火药厂，供技术工人提取硝石。

厄留蒂尔很注重产品的质量，这决定了产品在市场上的受欢迎程度和寿命，所以他希望自己生产出的火药是市面上质量最好的、最受欢迎的、最畅销的。为了做到精益求精，他不厌其烦地一遍遍剔除杂质。

这样做，虽然导致了生产成本的提高，但是厄留蒂尔深深懂得，他做这一切准备，不是为了眼前利益。做一家成功的企业，目光短浅只能自酿恶果，要想在美国的数百家火药工厂中独领风骚，就必须要跨得过这一步心理关卡，保证高质量的产品生产，才能创造良好的口碑，赢得更长远的战略部署。

厄留蒂尔认真踏实的工作作风收到了激动人心的成效——他造出了当时美国最好的火药，用他的话说就是，"它们看上去就像黑珍珠一样"。看着自己的成果，厄留蒂尔眼中似乎有泪光闪烁，他觉得此前的一切付出都值得，走过的弯路也变得异常有意义。

火药生产出来了，接下来就要打开产品的销路。厄留蒂尔决定先打开特拉华州的市场，接着派人将火药样品送到周边地区的杂货铺，委托他们代销。但是事情出现了麻烦，因为对新产品没有信心，大部分杂货铺都拒销厄留蒂尔的火药，他们宁愿卖那些已为人熟悉的劣质火药，也不想让新火药滞留在仓库里。

又一个不小的难题摆在了厄留蒂尔的面前，事情很清楚，产品一旦没有销路，就会直接影响到下一步的生产。更严重的是，如果产品积压得越来越多，会影响资金周转，资金链一旦接不上，工厂就要面临着关门的危险了。若真的如此恶性循环下去，恐怕厄留蒂尔的梦想就要成空了。

想到这里，厄留蒂尔不由得脊背生寒。他马上想到了一个解救办法：靠广告宣传。接下来，厄留蒂尔不惜花重金在特拉华州的各大报纸上刊登广告，在报纸的醒目处宣传杜邦火药。

除了借助报纸宣传之外，厄留蒂尔又想到了一个主意，一个成熟而可行的促销计划，而且收到了绝佳的效果。他清楚广告宣传只是一种软性手段，想让客户快速地认同自己的产品，就要让他们切切实实地感受到产品好在哪儿。于是，厄留蒂尔又想出了一个营销手段，他先大肆宣扬特拉华州是打猎的好去处，并特别说明，凡到此地打猎的人均可免费使用杜邦火药。

果然，这个主意收到了出奇的好效果，使用过杜邦火药的猎人们纷纷称赞火药的质量，久而久之，杜邦火药的名声也就传出去了。当初那些拒销杜邦火药的杂货铺纷纷找上门来，希望能够代销杜邦火药。

火药的销路渐渐打开了，但厄留蒂尔并不满足于此，仅靠着为猎人提供火药是赚不了大钱的，而且他认为杜邦火药日后是要派上大用场的，因此他想获得更大的订单。厄留蒂尔找到了哥哥维克托·玛丽，想通过他将一些火药样品送进政府，以期得到政府的订单。

他派人给正在纽约的哥哥送去了一大箱黑色火药，希望利用维克托·玛丽在美国上流社会的关系，邀请政府的相关人员来参观、了解。

经过一段时间的努力，杜邦火药已在美国小有名气，但是这还不能够帮厄留蒂尔度过危机,他需要大批量的订单来维持火药厂的巨额开销。就在厄留蒂尔为难之际,事情出现了转机,父亲皮埃尔·塞缪尔·杜邦促成了路易斯安那的交易,成了美利坚的功臣。

这是一个绝佳的机会,厄留蒂尔岂能放过。他马上写信给杰斐逊总统,首先向他表示祝贺——美国的疆土越来越大了,当然也不忘流露出要美国政府关照杜邦火药厂的意思。

看到信后,杰斐逊总统回信表示政府会酌情订购。这里面至少有两方面的考虑,一方面,皮埃尔·塞缪尔·杜邦为美国立下了汗马功劳,这个面子是要给的;另一方面,杜邦火药的质量没得说,单就这一点,已经让杰斐逊动心了。

听到消息后,厄留蒂尔趁热打铁,火速赶往了华盛顿。他在军界大力宣传杜邦火药,并在"大庭广众"之下亲自演示火药试验。试验证明,杜邦火药的质量不只比美国制造的其他火药好,而且要比英格兰火药还好,这令政府的官员们很惊讶,因为英格兰火药一直在美国的军事中占据重要地位,质量也很棒。

从此以后,火药订单像雪花一样飘到了厄留蒂尔·伊雷内·杜邦的手中,杜邦火药厂的销售额一路上升,美国的陆军和海军也订购了相当数量的杜邦火药。1805年,美国政府作战部部长对外宣布:美国所需要的火药将全部由杜邦公司生产。一时间,杜邦公司名声大噪!

初尝成功滋味的厄留蒂尔·伊雷内·杜邦没有得意忘形,他仍然在计划着,下一步扩大生产的资金要怎么解决。而且他还在心里给自己定了一条规矩,就是一定要在小处精打细算。他的依据是:假如美国最富有的人给全国的穷人每人买一份猪排,他也一定会破产的。

到目前为止，杜邦火药厂发展得顺风顺水，且渐入佳境，这其中离不开厄留蒂尔·伊雷内·杜邦的辛苦付出与坚持。在创业之初，他曾遇到过各种各样的困难，但都被他克服了。

但是老天好像就是喜欢"折磨"人，就在杜邦火药公司渐入佳境、也深得客户们"信赖"时，一起突如其来的爆炸事件给火药厂蒙上了一层阴影。

3. 爆炸事件

杜邦火药在美国政府内部得到了肯定之后，厄留蒂尔收到了来自其他州的很多订单。当然，老杜邦是功不可没的，如果他不曾在路易斯安那的交易中起到重要作用，厄留蒂尔的火药也不会轻易打入政府内部。另外，美国收回了路易斯安那，也促使杜邦火药在海地黑人起义中充当重要角色。

订单数越来越多，导致工人们的劳动强度逐渐加大，很多工人并不情愿遭受老板的"压迫"，但比起失业的民众来说，他们倒要感谢厄留蒂尔的雇佣。为了提高工人的积极性，厄留蒂尔想到了一个激励政策——向他们支付加班工资，如果一个工人每天加班两个小时以上，从第三个小时起便会得到加班工资。这一政策很有效，工人们为了得到更多的工资而更加卖力了。

看着忙碌的工人们，厄留蒂尔很兴奋，但他并没有满足，他认为火药市场既然已经打开，生产多少就会消化多少。所以，他没有像一般"小人得志"的老板那样，躺在功劳簿上吃老本，或是待在舒适的办公室里充当压榨工人的资本家，而是走出办公室，与工人们一起奋斗在第一线。

在一线与工人们一起工作，是厄留蒂尔·伊雷内·杜邦创立杜邦·尼莫尔公司时的一项规定。他始终认为，只有工作在第一线的人才最有发言权，他们了解生产的流程，清楚产品的质量。

因此在很长一段时间里，厄留蒂尔都有以下规定：若想进入杜邦公司管理层必须先从工人做起，一步步晋升才有进入管理层的资格，对家族内部成员也不例外。这就是杜邦家族的多数总裁能承受更大"冲击波"的秘诀，他们已经经历过了很多考验才做到现在的位置，说明他们的确有能力，也更了解"自己"。

也许对任何一家危险品制造企业来说，发生事故似乎是避免不了的，却总是那么让人猝不及防。这一天中午，已经过了下班的时间，忙碌了一上午的工人们陆续走出厂房，准备到食堂吃饭然后歇息一下。但工厂里依然有十几个工人在劳作，因为最后一道工序（将硝石、木炭和硫黄打成粉末）不能停工，需要有人看守着机器，他们要等其他几个替班的工人吃完饭才能离开。

再过一会儿，这批产品的打制工序即将完成，随后再把混合原料送至压缩程序，经过压缩和烘干就可以了。但是就在这个时候，意外发生了。

事故往往是在人们的大意下发生的。工人们对手里的工作已很娴熟，他们在机器旁若无其事地有说有笑。这时，一个工人说他闻到了一股特别的味道，不是火药本身的味道，而是燃烧后的味道。

但工友们并没有在意，反而笑他多心，还开玩笑似的劝他一会儿吃完饭后去看看医生。

这是工厂爆炸前的最后一幕。工厂里发出了一声巨响，随之顶棚喷出了浓浓的烟雾。紧接着，就听到工厂附近的人们惊慌失措的喊叫，甚至附近小镇里的一个女人以为世界末日来临了，居然镇定地躺在床上祷告，并做好了去天堂的准备。

工厂看门人喂养的一条看门狗被爆炸的气浪掀了起来，飞出50多米，最后落在一位工人的餐桌上，把他吓得目瞪口呆。由此可知，这次爆炸带来的冲击与震动是极大的。

事故发生时，厄留蒂尔正与合伙人彼得·博迪商量新建厂房的事情，随着一声巨响，他分明感觉到了大地的颤动。随后一个工人跑过来向他报告了这件事。厄留蒂尔不顾个人安危，急忙跑到了爆炸现场。在熊熊大火面前，他觉得自己很渺小，仿佛什么也做不了，只得让人通知了消防队。

站在爆炸现场，厄留蒂尔呆住了，他清楚火药制造是危险行业，工厂发生事故是迟早的事，可是没想到它会来得这么快，这么让人措手不及。现在公司刚刚步入正轨，对他而言这不能不说是一次重创。

不幸中的万幸是，厂房起初的构建形式起到了一定的作用，减少了工厂的损失。厂房是三面石墙一面薄木板墙，爆炸所产生的冲击波只是将木板墙冲到了河里，其他三面墙完好无损。若是石块乱飞，说不定会危及整个布兰迪万溪畔。

另外，当初设计时将厂房之间的距离加大了，这使得其他厂房幸免于难，此次损失的只是一座厂房中的设备。试想如果当初厄留蒂尔采纳了那位设计师的意见，杜邦火药厂很可能在这次事故中化为乌有了。

很多厂房保住了，但是大火仍然在无情地吞噬着现场的残留物。当消防队赶到时，厄留蒂尔发火了："难道你们要等整个杜邦公司都化为灰烬的时候才来吗！"这件事也让厄留蒂尔吸取了一个教训，就是必须要有自己的消防队，这一点也为日后的杜邦人所铭记。

火被扑灭了，浓烟还没有散去，厄留蒂尔站在泥泞中望着被大火吞噬的厂房，心痛如绞。他扫视远处，看到了一只被炸得血肉模糊的手臂，还有一个头颅。他感到胃里一阵翻腾，快要呕吐出来。"博迪！"厄留蒂尔大喊了一声，"马上去检查一下伤亡情况！"

彼得·博迪名义上是厄留蒂尔的合伙人，实际上更像一个跟班，杜邦公司的大权由厄留蒂尔掌握，而且他也没有把彼得·博迪当作一个有发言权的股东。

只见彼得·博迪小心翼翼地挽起裤腿，蹚着泥水奔向事发厂房。"站住！"厄留蒂尔看到之后不高兴了，大声训斥道，"你尿裤子了吗？如果你没有洗裤子的一角五分钱，我可以给你！"彼得·博迪像一只受惊的小鸟，怯怯地将挽起的裤管放下，不再理会溅在身上的泥污。

彼得·博迪去检查伤亡情况了，这时厄留蒂尔走进了那间依然存在危险的厂房，看着地上破烂的机器，眼泪差点流出来。在厄留蒂尔眼里，这些机器就像他的孩子一样，在他的心里有着重要的位置。他曾经亲自把它们从法国订购回来，也曾一个零件一个零件地参与安装，它们早就成了有温度、有生命力的事物。

厄留蒂尔向彼得·博迪询问伤亡情况如何。彼得·博迪说，这次事故让近40个家庭不完整了——40个工人在此次事故中身亡。另外，受伤人数还在统计中。

布兰迪万溪畔笼罩着悲痛的气氛，时有凄惨的哭声响起，令人痛心。厄留蒂尔马上命人将伤者送往医院治疗，看着躺在地上痛苦呻吟的工人们，心里很不是滋味。他走到一位正在痛苦的妇女面前，那人的怀里还抱着一个婴儿，他深深地鞠了一躬。随后，厄留蒂尔决定要妥善安葬那40名工人，并给予家属一定的抚恤金。

那时候，美国还没有颁布相关的法令，来解决劳工们因工伤亡后的赔偿事宜，厄留蒂尔的做法开了先河，因此在社会民众中赢得了良好的声誉。

4. 推行先进制度

突如其来的爆炸事故，一下子让所有人慌了神。虽然其他厂房和机器没有被殃及，但接下来如何妥善处置伤亡的工人着实让厄留蒂尔费了番脑筋。

厄留蒂尔很清楚工人对于工厂的意义，他们是给他创造更多价值的基础，如果没有工人为其卖力，即使有再多的订单也仅是一张纸，变不成大把大把的美钞。因此，思前想后，厄留蒂尔决定建立工伤赔偿体系，开创行业先河。他这么做的根本目的在于安抚工人及家属，让他们觉得在工厂卖命是有"保障"的，以避免活着的工人纷纷离开工厂的窘境。

　　但是问题又来了，一项制度的确立很容易，但是要具体实施下去就没那么简单了。事故发生时，杜邦公司刚刚起步且处于发展阶段，厂房需要扩建，设备需要更新和购进，很多方面都需要花钱。可是眼下发生了这起事故，如果要建立工伤赔偿体系，每项规定的执行和延续都需要相当数目的资金，这对于资金窘迫的杜邦公司来说是一个不小的难题。

　　且不说这个工伤赔偿体系能否构建，眼下就有一个难题，要妥善处置死亡的工人，安抚其家属，并对伤者进行救治。

　　事故发生后，厄留蒂尔马上命人将伤者送往最好的医院救治，此外还决定给每个死亡工人的家里送600美元的补偿费。对于后者，彼得·博迪与厄留蒂尔发生了分歧。

　　彼得·博迪劝说他的老板："伊雷内先生，如果按照这样补偿下去的话，那么公司在不久的将来会面临严重的财政问题。"厄留蒂尔两眼直直地盯着他，许久没有说话。彼得·博迪被盯得心里直发毛，显得极不自在。

　　片刻，彼得·博迪干咳了几声，壮着胆子继续说下去："先生，我是说我们公司可以周转的资金不多了，40个人每家600美元的话，一共需要2.4万美元……""不用再说了！"没等彼得说完，厄留蒂尔就气急败坏地打断了他的话，"把财务总管叫来！"

　　财务总管听说老板要给死去的工人发抚恤金，正往办公室这边赶，与彼得·博迪遇个正着。

　　财务总管显然要比彼得·博迪"聪明"，他并没有直接顶撞老板——明显跟老板唱对台戏，也没说不给钱，而是采取了迂回策略，他把公司的运营现状和发展规划说了一通。他说，炸毁的厂房需要重建，机器也要重新添置，而且原先已经制定好了投资扩建计划，如果大量资金都用在了发放抚恤金上，就很有可能完不成已经接下的订单。

这个方法果然奏效多了，厄留蒂尔没有大发雷霆，他细细咀嚼了一会儿财务总管的话。他当然清楚工厂的状况，也知道坚持这样做的后果，但他已决意要把这件做下去。他一拍桌子，当机立断："什么都不要说了！马上把抚恤金分发下去，每个人600美元！"

事实证明，厄留蒂尔这样做是对的。如果他对死伤者不闻不问，表现得毫无体恤之心的话，恐怕后来新买的机器就不会有人替他操作了，活着的工人们也会因为老板没有任何回应而纷纷辞职，也许在他们看来，即使沿街乞讨也要比在这个随时都可能丧命的工厂里卖命强。

在这种危急时刻，安抚人心是最重要的，要想支撑起一个企业，要想杜邦火药厂重新运转起来，厄留蒂尔绝对不可以失去工人们的信任。只有这样，才有可能谈发展。

事故的善后事宜办妥之后，厄留蒂尔·伊雷内·杜邦向全社会公开颁布了一项公司制度，规定如果工人因工作身亡，不但可以得到相当额度的抚恤金，他的家庭每月还会领到10美元的补助费，而且他的子女也会被安排到杜邦公司上班。男孩子成人后可以在杜邦工厂里上班，女孩子则会被送到杜邦家做仆人。此外，对于因工伤残者，杜邦公司会安排一些轻体力的活给他做，并终身雇佣他。

另外，杜邦公司在布兰迪万溪畔兴建了一所学校，工人的子女可以入学就读。当然，从杜邦学校毕业后，毕业生们都要进入杜邦公司工作。

这样的制度一发布，马上在特拉华州掀起了轩然大波。人们都在议论杜邦公司的做法，对其意图各执一词。有些人是站在杜邦公司这边的，认为此举的确是为工人着想，而且这也是创新之举。有些人则持质疑态度，他们觉得杜邦公司简直是在拿钱买命，只关注自己的利益，并不是真的在意工人的死活。

不管哪方意见占据上风，杜邦公司的工人却丝毫没有受外界舆论的影响。也许在那个经济不景气的时期，有份工作总比混入失业大军残喘度日强，他们依然勤勤恳恳地在杜邦工厂卖命，为了那微薄的工资苦苦煎熬着。

爆炸事件的第二天，工人们纷纷回到了各自的工作岗位上。他们的心情或许并没有完全平复，甚至那火药的气味还没有完全散去，他们弯下腰，收拾着爆炸后的机器残骸，谁也不说话。这样的画面充满悲壮的氛围，但是同时也意味着，一切即将回到原来的轨道上。

不管厄留蒂尔的初衷是什么，颁布抚恤制度在当时都是极其先进的，这为日后杜邦公司各项制度的制定和完善打下了良好的基础。厄留蒂尔·伊雷内·杜邦常以一名企业家自居，我们知道，企业家不能只盯着账目上的数额，还要对社会负有责任，厄留蒂尔也在践行着一个企业家该做的。

由此也可以看出，厄留蒂尔·伊雷内·杜邦的眼光是颇具前瞻性的，也有胆子尝试别人不敢尝试的东西，这些特质成了日后杜邦公司迅速组建并扩大的法宝。

新制度的实施及时安抚了工人们，也收到了良好的社会反响，但是这使得公司的运转资金捉襟见肘了。为了应付接踵而至的订单，杜邦火药厂必须加大投资，扩建厂房，不得已，厄留蒂尔只好写信向父亲求助。

对于儿子今天取得的成就，老杜邦很高兴也很骄傲，但他也有顾虑，因为火药制造是危险行业，一旦发生意外，损失将不可估量，他可不想整个杜邦家族最后被火药炸上天。基于以上考虑，他在回信中明确表示不会再为厄留蒂尔·伊雷内·杜邦提供资金上的支持，并且表达了自己的言外之意，希望厄留蒂尔不要再扩大规模，甚至停止火药生产。

看到父亲的回信后，厄留蒂尔有些失望，不过他并没有责怪父亲"见死不救"。他理解父亲的心情，父亲是出于关心才会担心，担心儿子会遭受更大更想不到的打击。而且他也明白，父亲的年龄越来越大，很难接受风险系数高的投资，总是想更加踏实和安稳一些。

但是厄留蒂尔·伊雷内·杜邦有自己的主张，他认为利益与风险是共存的，没有风险的事情也不会有利益，如果不敢冒险，就不会得到巨额的利润。因此，他决定独自应对风险，依靠自己的努力来攫取更大的利益。

厄留蒂尔再次想到了亚历山大·汉密尔顿，希望他能帮自己一把，解决公司在银行贷款方面出现的问题。但遗憾的是，在此之前，汉密尔顿与人决斗时不幸身亡。这次厄留蒂尔真的陷入了困境，无奈之下他只能硬着头皮钻研并不了解的法律知识。

功夫不负有心人，厄留蒂尔经过一番努力，终于将难题一一攻克了，资金问题解决了，又重新购置了机器，被炸毁的厂房也修缮完毕可以正常使用了。此外，他又加大投资扩建了几处更大的厂房，雇用了更多的工人，杜邦火药厂又恢复了以往的忙碌，布兰迪万溪畔又开始整日被机器的轰鸣声围绕。

杜邦火药厂的生产又步入了正轨，厄留蒂尔开始想如何进一步地扩大杜邦公司的名声，他想到了借助媒体壮大声势，消除之前因爆炸造成的负面影响。

于是，厄留蒂尔在美国多家重要的报纸上刊登了消息，内容大致如下："目前杜邦火药厂虽然只是一个年轻的小厂，但因生产出的火药质量一流而广受好评。此前杜邦火药厂发生了一点意外事故，但并未对杜邦公司的正常运转以及火药厂的生产运营造成太大的影响，现在一切已恢复正常。"并在最后称，杜邦公司是最具发展潜力的火药公司，欢迎各方朋友前来订购。

广告的主要功用即宣传推销，但并不能保证收到立竿见影的效果，而产品的高质量却能一传十，十传百，口碑是最好的营销策略。杜邦火药的质量是有保证的，凡是用过的人都觉得它要比美国的任何一种火药都好，甚至堪比欧洲火药。就这样，杜邦火药渐渐在美国民众中树立了良好的口碑，越来越多的订单也像雪花一样飘向了杜邦火药厂，厄留蒂尔更忙了。

作为一个商人，厄留蒂尔有自己的小算盘。他很清楚，因为不久前的事故，工厂停产了一阵子，为此损失不小，另外建立赔偿制度也花费了不少钱。现在工厂正常运转了，他就想把之前的损失补回来，办法就是通过延长工人的劳动时间来提高工作强度，加大生产。

工人们的日子更难熬了，每天的劳动强度加大了，但工资反而更低了,这就是厄留蒂尔想出的招数,他想用这种办法将当初补贴给死伤工人的抚恤金"拿回来"。因为在布兰迪万溪畔,并没有第二家火药厂可供选择,所以工人们只能默默忍受着,为了赚口饭吃而忍气吞声。

在工厂大会上,厄留蒂尔对工人们说:"在同行业中,你们的工资水平和福利待遇已经是最高的了。不过,相当一部分福利不能一下发给你们。学校的兴建、死伤工友的钱款,这些都需要大家的赞助。"

工人们对此很不解,公司发给员工的福利难道要均摊到每个工人身上吗?也许这就是"羊毛出在羊身上"的活生生的例子,而且还丝毫不避讳。有些工人很不服气,凭什么这么压榨工人们?但更多的工人选择了忍气吞声,即使不为自己考虑,也要为家里盼着这点工资度日的妻儿着想。

这便是厄留蒂尔·伊雷内·杜邦的精明之处,既安抚住了工人,公司也不吃亏,反而在一个"良性循环"中获取更大收益。考虑到妻儿老小,加上当时经济也不景气,劳动保障制度也并不完善,工人们只能默默忍受了。

当然,厄留蒂尔也理解工人们的辛苦,但利润永远是商人们追逐的目标,怜悯之心不能带来钞票,否则世界上就不会有那么多冷酷的资本家了。

在私下里,厄留蒂尔也曾亲口承认,杜邦火药厂的工作环境和工资待遇只是"一般"而已。工人们每个礼拜工作60个小时,而工资标准其实并不高,四个最厉害的工头只有每天1美元,其他人就可想而知了。

另外，厄留蒂尔不仅从制度上让工人们听话，他还想让他们从内心里服从。所以，他筹建了教堂，以最大限度地让工人们俯首帖耳。

一直以来，宗教都是聚拢人心的一种很好的工具，厄留蒂尔·伊雷内·杜邦也认识到了这一点。在杜邦火药厂里，大多数工人虔诚地信奉天主教，他们希望罪恶的躯体可以在教堂中得到洗礼。厄留蒂尔正是观察到了这一点，所以觉得有必要在工厂附近建一所教堂，以让在火药厂工作的工人们相信"自己的命运是天注定，是无法变更的"。

在恢复工厂生产的过程中，人们惊奇地发现，一座恢宏的教堂也随之拔地而起，厄留蒂尔称它为"布兰迪万圣约瑟夫天主教堂"，他还专门聘来了一位虔诚的爱尔兰神父。

一开始，彼得·博迪十分反对厄留蒂尔的做法。他认为，资金本来就很紧缺，连正常的生产流通都很勉强，为何要在这个节骨眼儿上，建一座对商业盈利没有任何帮助的教堂呢。关于这些，厄留蒂尔也没有做出解释，只是坚持自己的做法，直到教堂建成。

教堂建成以后，工人们每到闲暇，总会三两成群地到教堂祈祷，他们向上帝诉说着自己的虔诚，"祈求"上帝保佑他们的生活能有所改观。将这一切都看在眼里的厄留蒂尔知道，自己的初衷达到了，杜邦公司必会将这些相信宿命的工人们牢牢地拴住。

随着火药厂的发展，厄留蒂尔已经可以预见到，未来劳资关系会越来越紧张，可是如果非要选择一种驯服人思想的最佳方式，宗教无疑是最好的选择。可以说，对于厄留蒂尔来说，这也是一次有预谋的、精心准备的设计。

必须承认，厄留蒂尔·伊雷内·杜邦是一个极精明的人，一次"突发"的爆炸事故被他成功转变成了一次近乎完美的营销，杜邦公司的名气越来越大，工人们也更服帖地被束缚在杜邦火药厂中。

自此以后，杜邦公司又连续推出了多项制度，令它在特拉华州甚至全美国扬名，而且在很长一段时间里，越来越多的火药制造厂甚至别的工厂都在效仿杜邦公司。也许连他自己都搞不清楚，自己到底是开了先河，还是不幸成为了束缚最底层人民思想的始作俑者。

但有一点可以肯定的是，在厄留蒂尔·伊雷内·杜邦的带领下，杜邦公司已牢牢地扎根在了美利坚的土地上，并慢慢发展成为一种势力和时代的象征。

第四章 战争的契机

1. "切萨皮克号"事件

历史上著名的"切萨皮克号"事件——英美战争的导火线，于1807年6月22日爆发了。当日，切萨皮克湾像往常一样平静，在附近航行的一艘美国战舰正"悠闲"地向前驶进，战舰上的人都沐浴在和煦的阳光之中。

此时，离这艘战舰不远处的一艘英国战舰所发出的"急件"信号忽然打破了切萨皮克湾的安宁。一般来说，在海上这种"急件"信号是特别常见的一种信号，当一艘船向另一艘船发送这种信号时，就表示这艘船想通过对方船只的帮助来发送邮件。

经验丰富的美国舰长遇到这种情况也没有多想，他见英国战舰发出这样的信号，便立即下令停下了船。等待他的是什么呢？美国舰长万万没有想到，英国战舰发出的"急件"信号只是个骗局，他们的真正目的是奉上级命令搜查美国战舰。清醒之后的美国舰长认清了事实真相，态度坚决地拒绝了英国战舰的无理要求。但是此时的英国战舰根本不理会美国舰长拒绝他们搜查的态度，只见英国船长一声令下，炮声顿时响起，美国的"切萨皮克"号战舰受到了致命的攻击。

那么，英国战舰为什么会如此霸道无理呢？原来，在19世纪，美国经济飞速发展并且在世界贸易中占据了巨大的市场，美国这一发展变化给一直以来以"世界贸易老大哥"自居的英国带来了巨大的压力和沉重的打击。所以英国政府一方面为了保住自己海上霸权的地位，另一方面为了抵制美国快速发展的海上贸易，便想出了一个办法。

由于每年都会有很多原本在英国海军服役的士兵因为忍受不了英国海军"压榨式"的待遇而最终来到了美国海军队伍中，英国政府于是针对这些士兵提出对美国战舰进行搜查的要求，在强行搜查的过程中，英国方面的态度极其不友善，他们只要在美国战舰上发现略带爱尔兰或者英格兰口音的士兵便会强行扣押带走。在如此严密的搜查下，最终经过确认，英国战舰带走的4名他们所谓的"英国士兵"之中只有一名是英国士兵。

这次事件轰动了整个美国，美国上下都表示对英国政府的强烈不满，紧张的空气充斥着英美两个国家的每个角落。

其实，在发生这次事件之前，英美两个国家之间早就心存芥蒂。从1803年到1807年这四年中，英国扣留了500多艘美国战舰，不仅如此，每当英国舰队碰到美国舰队时，英国舰队总是野蛮无理地强行征用美国水兵，这些野蛮霸道的行为深深地刻入美国人民的心中，加深了英美之间的矛盾。

"切萨皮克"事件深深地刺痛了美国人民的心，此次事件之后，美国总统杰斐逊立刻召集政府的相关官员，经过大家商讨最后研究出了一套有力的应对政策：首先，在外交方面，美国政府希望借助与英国政府多次接触的机会来化解英美两国之间的矛盾；其次，在军事方面，在绝不放松建造海上防御工事的同时，美国政府大力扩充陆军规模，并且国家还拿出20多万美元来武装民兵力量，以备不时之需。

基于以上几点应对政策，我们可以看出当时的美国政府一心想要化解美英两国之间的矛盾而并没有应战的心思。英国政府则不同，他们并不理会美国为此所做出的让步，始终处于剑拔弩张的状态，一心想与美国政府一决高下。

在这种气氛之下，一场战争是不可避免的了。两国交锋，火药作为当时最有力的武器自然是占据着关键的地位。这给专门制造火药的杜邦公司提供了最有利的契机。当时在美国的16个州共有200多家火药公司，杜邦公司名列榜首。

据统计，到1807年为止，杜邦公司的销售额已经飙升到了4.3万美元，并且一直保持上升趋势。可以说，是战争造就了杜邦公司，在整个战争期间，杜邦公司的火药被大批量地订购。最值得一提的是，与和平时期获得的利润相比，在英美战争期间杜邦公司获得的利润已经大大超过了以往几年的销售总额。

对于美国总统杰斐逊来说，战争是劳民伤财的，他不想看到自己的人民成为战争的奴隶，不想让他们卷入残酷的战争之中。作为一国领导人的杰斐逊处处为国民考虑，他一心希望两国能够化解矛盾，以和平的方式共处。出于以上美好的愿望，美国国会最终通过了《禁运法案》，该法案明确规定：美国的船只只能沿岸进行贸易，不能驶往国外进行贸易；国外的商船无论是海路还是陆路都不许进入美国境内。

我们可以看出这条出于美好愿望的法案将美国与外界的联系彻

底地割断了。可能就连杰斐逊自己也没有意识到该法案落实后给国家以及他自己带来的严重后果。《禁运法案》中的两条原则刚一落实，就导致原本出口国外的大量产品现在已经没有出路了，例如，由于法案的出台，美国南部的棉花大量囤积造成了巨大的损失。另一方面法案的颁布还大大减弱了海军和陆军的实力。从以上几方面我们可以看出无论是陆路贸易还是海路贸易对美国的经济发展都是非常重要的。

落实法案之后，各种问题连连出现，由于拒绝对外贸易，产品大量堆积，这无形之中给众多实业界人士的利益带来了巨大的负面影响，短短时间内，美国的经济就陷入了亏损状态。美国人民出于自己的利益不断给杰斐逊政府施加压力，强烈要求废除这个在杰斐逊看来可以解决两国矛盾、促进两国和谐发展的法案。在美国人民的强烈要求之下，美国政府不得不取消《禁运法案》，也就在几天之后，杰斐逊总统随着他的法案下台了。

继杰斐逊之后的美国总统是詹姆斯·麦迪逊。詹姆斯·麦迪逊和前任总统杰斐逊最大的相似之处就是他们都属于"主和派"，他们不希望战火烧到自己的国家，不想看到自己在任期间出现任何"乱子"。但是基于前任总统留给他的教训，詹姆斯·麦迪逊决定与英法两国重新恢复贸易往来，增进三国之间的友好往来关系。

然而，在经济利益的驱使之下，每一个国家都想强大自己的祖国，都想在世界民族之林立有一席之地。当时的英法两国也不例外，他们不希望看到"永远"保持中立的美国有和他们争夺海上霸权的一天。所以他们不会真心接受詹姆斯·麦迪逊提出来的议和法案。最让人气愤的是，在海上，法国舰队公然挑衅美国船队，并将扣留的商船出售。

一次次的挑衅，一次次的侮辱，美国人终于被激怒了，他们的议和法案和他们的退让都没有得到相应的回报，此时，美国国内出现了一批言论家，他们公开宣称："美国要站起来，不但要对野蛮的英国宣战，还要对喜欢侮辱别人的法国佬开战！"

紧张的气氛、战场的火药味似乎已经布满了整个美国，即使詹姆斯·麦迪逊是一个传统的"主和派"，但是在这种形式之下，他也不得不尊重国内民众的意思做出符合时局的决定。

战前人民的紧张与骚动很快传到了特拉华州，传到了厄留蒂尔·伊雷内·杜邦的身边，厄留蒂尔·伊雷内·杜邦很清楚此时是一个发大财的好机会，作为火药行业的带头人，他绝对不能错过这个机会。并不是说厄留蒂尔·伊雷内·杜邦是一个好战者，也不能说厄留蒂尔·伊雷内·杜邦是一个投机商人，只是火药行业的最大买主始终是参战国。

只是，他并不希望自己的故土法国也卷入到这场战争中来。然而，时局并不随着厄留蒂尔·伊雷内·杜邦的意愿而变化。

厄留蒂尔·伊雷内·杜邦在开始创建杜邦公司之时为了筹到足够的资金曾经向拿破仑许诺，只要法国需要火药，他将会无条件供应。法国不仅在资金方面帮助了杜邦公司，就在杜邦公司成立不久，法国还大量地从该公司采购火药，在某种程度上说，杜邦公司的发展与壮大是离不开法国的帮助的。

为了使公司继续发展壮大，也为了不失去这个一直帮助自己的老客户，厄留蒂尔·伊雷内·杜邦经过慎重考虑决定劝说美国政府，希望美国政府能够放弃对法国宣战。

另外，厄留蒂尔·伊雷内·杜邦还在法国政府方面做了同样的工作，可谓是皇天不负苦心人，厄留蒂尔·伊雷内·杜邦的真诚感动了上帝，美国总统詹姆斯·麦迪逊采纳了厄留蒂尔·伊雷内·杜邦的提议，没有向法国宣战。而法国的拿破仑也决定借此机会拉拢美国，与美国结盟。这一结果正符合厄留蒂尔·伊雷内·杜邦的心意，他为此事付出的努力也看到了相应的成果。

美法两国在1811年似乎开始了联盟，在经济上，他们各自封锁了对英国的商品输出，这一决定给英国造成了巨大损失，使英国上下一片混乱。在农业上，由于经济被美法两国封锁，因此那一时期的英国出现了国内小麦的价格飙升到4.5美元1蒲式耳（1蒲式耳等于27.2155公斤）的现象。此时的英国国民因为粮价飙升买不起粮食而怨声载道。再看工业方面，此时的英国早已失去了以往海上霸主的气势，由于经济不景气，商品卖不出去，工人的工资也就随之大幅降低，还有大批工厂因为赚不到钱无法给工人开工资而不得不裁减人员，大批的失业人员增加了社会的就业压力，这一切都给英国政府带来了巨大的压力。

这些现象都表明了一点，那就是美国对英国的战争即将开始。而随着战争的开始，杜邦公司就会从中受益，这是厄留蒂尔·伊雷内·杜邦梦寐以求的，因为他着实想看看，在这场大战之中，他的杜邦公司能获得多少利益。

2. 战争带来的火药订单

美国和法国虽然在战前结成同盟，但当时的美国实力尚弱，法国之亲，本在于利，英国仿佛一片压在美国头上的乌云。

然而，美国走出了一步大胆的棋。

在英国受经济封锁陷入混乱，法国增兵西班牙和葡萄牙，牵制英国主要军力的时候，美国对英国宣战。1812年6月18日，美国历史上第二次对英国宣战。

杜邦的眼光永远不同寻常，正像所有的大人物一样，冲动的炮火激烈的厮杀，在杜邦眼里不过是一个虚幻的游戏，而这个游戏的最大的价值就在于可以给自己牟利，这就是企业家的目光，这个企业家是一头善于抓住时机的猎豹。所有的人都在恐慌、担心、疯狂，而杜邦的火药厂稳定、繁荣、欣欣向上。战争，战争，这里面包含着惊喜。

战争伊始，满目疮痍，英、美、法三国皆在乌烟瘴气中徘徊，与此不同的是，特拉华州的杜邦火药厂正显示出前所未有的繁荣景象，战争不仅使本国政府加大订单，法国方面也带来同盟之利，巨大的需求使战争成为一个满含金光的救世主，厄留蒂尔·伊雷内·杜邦在这期间十分忙碌，又无比兴奋，当时，世界上最幸福的地方或许就是杜邦的火药厂了，巨额的利润仿佛让充满火药气的工厂变成青山绿水、人间天堂。

据统计，从1811年到1813年，美国政府单是向杜邦公司购买的火药，总量就达75万磅。军队的扩充，愈演愈烈的形势，给杜邦公司带来大量的订单，这是杜邦公司能够在战争中立足的关键。

人们不得不承认，杜邦是一个经营的天才，在他的头脑中存在着极具现实意义的辩证法，这一点在后面会提到，他的手段永远是创新，这同样是他立于不败之地的关键，是奠定自己公司实力基础的关键。杜邦火药厂高耸入云的烟囱里，吐纳着战场上的滚滚浓烟，机器的奏鸣也仿佛已经注定成为炮声中毁灭的前奏，响彻整个特拉华州，甚至整个美国、整个世界。

战争是一张网钱的天网，战争中的贪婪正当而又神奇。

以后杜邦的家族声名赫赫，权势逼人，甚至可以左右总统的选举，在根本上是杜邦交际手段的功劳。

在杰斐逊当政的时候，杜邦家族和他亲密无间，当杰斐逊结束任期，新上任的詹姆斯·麦迪逊不仅对杜邦家族视若无睹，且反对法国人移民至美国境内时，杜邦第一次面临兴奋中的苦恼，但他不露声色，苦苦思索，最后做了一个巧妙的决定——进入政府内部。一切企业家都是交际家，一切的生存原理都是人与人的关系，这一定理在杜邦这里得到了切实的认证，同时，这一甜头尝到以后，杜邦在经营上更成熟，权钱合一，是杜邦家族成长的铁律原则。

杜邦并没有暴发户的心理，在他眼里，稳重才能求生，稳定才能求胜，当时的美国积极追求与加拿大联盟，因为这样整个北美大陆便是一体化的了，但福无双至，反法联盟将美国的最大依靠法国打得一败涂地，拿破仑退位，英国像一头被啄醒的狮子，反咬美国。英国军队打到美国国土。

本来法国是杜邦工厂一个很大的订购商，火药源源不断地运往法国，同时源源不断地给杜邦带来大把大把的钞票。与法国相比，美国的那点订单仿佛变得可怜巴巴，而现在，法国这棵最大的摇钱树倒了，所有人都以为杜邦慌了的时候，杜邦却又一次化危机为机遇。

杜邦知道，自己慌，麦迪逊更慌，失去了法国的支持，在某种程度上对美国而言是致命的，他马上把对移民美国的法国人的鄙视态度转为迎合，第一个需要利用的，便是最大火药制造商杜邦了。

杜邦胸有成竹，当得知政府加大对自己火药的订购量时，他铁拳出击，实行大刀阔斧的改革，不仅另建工厂，还将工人的工作实行了更有效的编排。另外，杜邦的交际手腕也为自己工厂里的工人带来了实际的福利——凡是在此公司工作的，可免除兵役。

"战时调整"策略将工人的积极性大大激发起来，公司在疯狂地盈利，工厂是一个相对于战场来说更安全的地方。

在紧锣密鼓进行生产的同时，杜邦的目光从来不离开战场，他时刻关注战争进展，以作应对。对，这就是我们前面提到的现实意义的辩证法，居安尚且需要思危，居危更应该思危，一个十分明显的问题便是：战争是在美国打的，万一炮火波及自己的工厂呢？战争是对自己的恩赐，但同时他没有忘记，战争本来就是一个恶魔，一个能够粉碎一切的恶魔，这个恶魔可以生产一个幸运的胚胎，但当它发起疯来，同样可以把自己孕育的胚胎吃掉。

杜邦的忧虑不是多余的，一件极其凶险的事件正在向他美丽的、欣欣向荣的工厂袭来。

这是一件间接反应的事件，世上一切大的事件都是间接反应来的。

英国利用自己强大的海军将美国的海岸线封锁，并逐步蚕食，但他们忽视了非军事力量，美国发动民众的力量来对抗，毁掉了英国1500多艘战舰，美国的以牙还牙政策彻底惹怒了英国。英国皇家海军哪里受到过此等奇耻大辱，他们之中有将军、有海盗、有骑士，都是铁血人物，被美国小小的私掠船打压，他们势必要还回来。

特拉华州的工厂成为间接的受害者，潜在的受害者，因为，私掠船是散兵散将，他们把特拉华州作为自己的停靠港口。城门失火殃及池鱼，杜邦火药厂就在这里。得知这个消息后的杜邦不由倒吸一口冷气，英国强大的皇家战舰如果炮轰特拉华州，自己的火药厂绝对不会剩下，英国皇家海军，这个非常遥远的名词一下子变得如此恐怖，在英国皇家海军面前，美国民众的游击船再也提不起神来，在强大的炮火压力下，它们悉数被灭，损失非常惨重。历史上有无数民兵对军队的战例，最后胜利的是军队，战场上衡量的标准只有一个，那就是硬碰硬，狂热的爱国情操此时并不能直接起作用。

英国海军已经对准了路思城，这座城市距离威尔明顿很近，而威尔明顿又是特拉华州的近邻，那么，杜邦的灭亡，极有可能就在下一步，或者，下下步。杜邦紧紧盯着时局，他这时的心情是多么急迫,他多么希望英国去开辟别的战场,英国皇家海军的大炮在梦里向杜邦无情地发射,他一次次被惊醒,又一次次庆幸那只是一个梦。

特拉华州长仍在给杜邦下达任务,火药的需求越来越大,但这已经不足以让杜邦兴奋,他只能在最紧张的时刻拼命生产,以求保存自己。杜邦此时就是一只热锅上的蚂蚁,发财的心理和生存的渴望在心理上生成巨大的矛盾,他甚至希望自己的工厂没有那么大的名声,希望自己赶快逃离,这应该是杜邦受到心理冲击最大的一次了。所有的成功者都面临空虚的问题,杜邦心理足够强大,却仍然害怕失去最宝贵的生命。

这时候,面临着种种的压力,杜邦只能硬着头皮挺着,好在,事情并没有陷入死胡同。

他想到了自己的哥哥维克托·玛丽。

最后,一支以杜邦工厂的工人为主、民众为补充的民团兵建立起来,围绕着自己的火药厂,工人们仿佛有更大的热情,为了自己的特拉华州,民众仿佛血脉贲张,他们积极训练,受到政府的大力支持。被打压的爱国热情终究还是没有全部泯灭,为了自己的家园,这一武装团为自己的家乡树立了最后一道屏障。

维克托·玛丽找到了政府,陈述弟弟的火药厂对这个国家的重要性,言外之意是,杜邦家族可以亡,而美国不可以亡,而杜邦火药厂是美国不亡的重要原因之一,政府如果出军队保卫特拉华州,将是极为明智的一步。另外,上文中叙述的那支军队也是玛丽组建的,杜邦家族临危不乱的血统在玛丽身上同样体现得淋漓尽致。

玛丽的努力没有白费,停靠在海面上的英国军队并没有对特拉华州发动更大规模的战争，他们仿佛知晓美国对特拉华州的重视，对杜邦家族的重视，必定派重兵把守，这支民兵团的斗志昂扬向上，他们抱着殊死一搏的心理，却没有等来最后的决战，他们胜利了。

杜邦胜利了，他的爱国热情第一次这么明显地被激发，或许有了接近死亡的经历的人更懂得爱吧，杜邦为国效力，组建火药运送队，从陆路艰难地供应着前方的战场。

当时，美国还没有进行公路建设，路况很差。在这样的条件下，载满火药的马车在路上颠簸，是具有一定的风险系数的。但是，人们知道，自己的行为是在保卫美利坚的土地，如此一来，就顿时觉得自己荣耀万分，无所畏惧了。

保家卫国，没有经历过战争的人或许很难体会到这句话的含义，在浓烈的求财氛围中，爱国的情操使得人们激情澎湃，有人说，杜邦在利用运送队的爱国热情，其实说这种话的人本身就太过拜金，杜邦的心里是激动的，还是冷静无比的，后者可以找到根由，前者更愿意让人相信。

总之，美国胜利了，星条旗永不落，与日不落形成了鲜明的对比，只不过，这次胜利的是前者。圣诞节前夕，1814年12月24日，《根特条约》签订，日不落在此时成为一个莫大的讽刺，美国人民齐心协力，将这个日头按了下去，整个国家显出无与伦比的团结精神，美利坚合众国有了史无前例的战绩和自信。

杜邦的家族胜利了，作为这场战争的唯一受益者，他们获得的不是几倍的获利那么简单。国家一词是什么含义，杜邦家族的人，应该有了更深层的体会。杜邦几乎成了民族英雄，从此没人用法国移民的眼光来看他。

杜邦家族冉冉雄起。

3. 兄弟情谊

在维克托·玛丽所组建的民兵团的帮助下，厄留蒂尔·伊雷内·杜邦在战争中险些覆灭的火药厂得以"起死回生"。尽管之前维克托·玛丽曾多次得到弟弟厄留蒂尔·伊雷内·杜邦的帮助，因此认为他如此尽心地帮助他的弟弟，也许是别有用心也不是毫无理由的，但这两兄弟之间的感情仍是不言而喻的。

除了血浓于水的亲情之外，更为重要的还是两人有共同的奋斗目标——使杜邦家族得以在美利坚这片土地上生根发芽，茁壮成长。尽管兄弟俩选择了两条不一样的道路——哥哥成为一名社会活动家，弟弟则热火朝天地办着火药厂，但是殊途同归，都壮大了杜邦家族的声威与名望。

维克托·玛丽生性外向，能言善辩，善于交际，同时也有着不容小觑的办事能力。也正因为如此，厄留蒂尔·伊雷内·杜邦当初在筹办火药厂时能够将筹集资金以及拉赞助等事宜放心交给他去做。

维克托·玛丽身上的这些特质为他赢得了良好的"女人缘"。这份女人缘对他事业的促进作用是不容忽视的。每次为厄留蒂尔·伊雷内·杜邦的火药厂筹集资金时，这些"社会名流"诸如拿破仑所宠爱的名伶、现代化学奠基人之一拉瓦锡的遗孀等都会出一臂之力。甚至连厄留蒂尔·伊雷内·杜邦的火药厂能得到拿破仑的支持，也和他良好的人际关系是分不开的。

当然，过犹不及。维克托·玛丽在办完厄留蒂尔·伊雷内·杜邦的诸项事宜之后，由于沉醉在温柔乡中难以自拔，昔日的宏图大志都被抛在了脑后。他流连于法国，决定先不与厄留蒂尔·伊雷内·杜邦一同回美国。尽管厄留蒂尔·伊雷内·杜邦提醒他多次，但都难以使其回心转意。劝说无果之后，厄留蒂尔·伊雷内·杜邦只好一人返回美国。

令人不曾预想到的是，正是因为这次的法国之行，最终竟导致了维克托·玛丽的贸易公司的破产。

事情要从维克托·玛丽在法国结识的上流社会人士之一——杰罗姆说起。

杰罗姆身世显赫，是拿破仑的弟弟，平时生活奢靡阔绰，消费的时候从来不问也不看价格，非常有"魄力"。据说在他的蜜月旅行中，曾经一天就花了8000美元。这使维克托·玛丽对他颇有好感，再加之杰罗姆对维克托·玛丽的事业也颇有帮助，因此维克托·玛丽比较乐意与之交朋友。

一开始两人"相交甚欢"，也并没有什么摩擦与不愉快。危机出现在维克托·玛丽再一次去法国之后。

由于要帮父亲打理在华尔街开设的贸易公司，尽管维克托·玛丽颇为迷恋法国声色犬马、灯红酒绿的生活，但还是不得不回到了美国。回到美国之后，除了照既定计划经营父亲的贸易公司之外，维克托·玛丽还与厄留蒂尔·伊雷内·杜邦一起照看他的火药厂，将贸易公司作为火药厂的销售点。而正当一切都欣欣向荣、方兴未艾之际，维克托·玛丽躁动不安的性格又显露出来。

他糜烂的生活使公司的声誉大打折扣，严重影响了公司的业绩。尽管如此，公司的颓势却并未使维克托·玛丽有所醒悟，反而变本加厉，过着更为纸醉金迷的生活。

在此期间，维克托·玛丽又一次去了法国，与杰罗姆恢复了来往。

也许是杰罗姆觉得在维克托·玛丽身上有利可图，一向出手阔绰的他这次却开始向维克托·玛丽伸手借钱。维克托·玛丽虽不免心存疑窦，但觉得杰罗姆毕竟是拿破仑的弟弟，尚不至于借钱不还，拿自己的信誉开玩笑，再加上所借数目尚不为多，因此还是一次次地把钱借给了他。

然而令维克托·玛丽意想不到的是，正是因为他这样的态度，使得杰罗姆终于下定决心在他身上大捞一笔。

这次，杰罗姆找到维克托·玛丽，提出了要借14万的要求。当下就说可以请两人共同的朋友——法国驻纽约的总领事替自己做担保。碍于情面，维克托·玛丽最终还是将这笔钱借给了杰罗姆，之后他回到了美国。"美国领事总跑不掉吧！"维克托·玛丽这样安慰自己。

回到美国之后，贸易公司因资金周转问题急需用钱。维克托·玛丽便想，正好也借此机会向杰罗姆要回那14万，于是开始联系杰罗姆。不想这次竟无论如何都联系不上这位"昔日好友"了。

焦急的维克托·玛丽又到纽约的法国领事馆找那位总领事，却被告知这位领事已被法国政府召回法国。这一切像晴天霹雳一样，使维克托·玛丽终于清醒过来。他知道,这笔钱是无论如何要不回来了——这笔钱同杰罗姆一起石沉大海、杳无踪迹了。

这件事给了维克托·玛丽很大的打击,悔悟为时已晚。华尔街的贸易公司很快便因资金问题破产了。公司破产的消息很快便传到了厄留蒂尔·伊雷内·杜邦的耳朵里,杜邦感到很震惊。为了弄清事情的始末,杜邦决定去纽约与哥哥好好谈一谈。维克托·玛丽见弟弟到来,无言以对。在公司倒闭之后,维克托·玛丽已经一贫如洗,生活颇为拮据,精神也是一蹶不振。他怕弟弟的责备,更怕弟弟看笑话。

没想到厄留蒂尔·伊雷内·杜邦在弄清事情的来龙去脉之后,不但没有丝毫的怨怼,反而拍拍维克托·玛丽的肩,安慰他,并邀请他去自己的火药厂帮忙。维克托·玛丽知道弟弟的心思,明白弟弟是为了不伤害自己的自尊照顾到自己的感受才这样做的,因此心里很是感动。但此时的维克托·玛丽仍沉浸在公司倒闭的阴影与自责中不能自拔,毫无斗志。于是他谢绝了弟弟的好意,踏上了去西部的安杰利亚杰的散心之旅。

厄留蒂尔·伊雷内·杜邦在苦心相劝无效之后,只好返回特拉华州。毕竟是多年兄弟,他知道自己的哥哥已经习惯奢华的生活。为了使哥哥不产生潦倒落魄之感,厄留蒂尔·伊雷内·杜邦在特拉华州买下了一块地,建造了一幢非常豪华的新房子,随时迎接哥哥的回归。

而维克托·玛丽那边的生活也渐渐地稳定下来,逐步平静充实起来。到了安杰利亚杰之后,维克托·玛丽开了一家日常杂货店,生活虽不富裕倒也安逸。一家人过着平平静静的小日子。

然而天有不测风云，人有旦夕祸福。在一次去进货的途中，维克托·玛丽遭遇劫匪，随身携带的所有进货资金被抢走。生活重又回到了一贫如洗的境地，连杂货店也难以开下去了。

正当维克托·玛丽发愁的时候，得知此事的厄留蒂尔·伊雷内·杜邦却借这个机会将哥哥接了回来。当时正是美英战争爆发前夕，美英双方都在各自紧锣密鼓地准备着。火药作为战时军需，市场前景大好。

为了给哥哥一个体面的理由，不伤及他的自尊心，厄留蒂尔派人带着他的亲笔信去接哥哥一家人。信中写道："弟弟已经手忙脚乱了，还希望哥哥能来助我一臂之力。"维克托·玛丽很感谢弟弟的周全，他回到特拉华州之后，正好能帮忙经营厄留蒂尔·伊雷内·杜邦的火药厂。

当厄留蒂尔·伊雷内·杜邦将维克托·玛丽带到为他建造的新家面前时，维克托·玛丽简直不敢相信自己的眼睛。那是一栋用花岗岩建造成的二层小洋房，里面都是厄留蒂尔派人精心挑选的法国家具。客厅里有大大的水晶吊灯，有高贵的天鹅绒窗帘，墙上还挂着印象派画家的作品。

维克托·玛丽被弟弟深深地感动，之后一改往日纨绔子弟的作风，工作起来更为尽心尽力了。火药厂在兄弟俩的齐心协力下也愈发地红火了。

在火药厂赚到巨大的利润之后，厄留蒂尔·伊雷内·杜邦又拿出一部分资金，在布兰迪万溪边建起了一间毛纺织厂。这为他后来一系列日化公司的兴建打下了良好的基础。

毛纺织厂建立之后，厄留蒂尔·伊雷内·杜邦在这方面动起了脑筋。在当时的美国，一般的公司都只专门经营一项主要的产品，很少有涉猎副产业的。厄留蒂尔·伊雷内·杜邦注意到了这一点，他认为，在火药制造中会产生很多副产品，而这些副产品以往并没有很好地加以利用。如果能将这些副产品利用起来，开发相关的产业，规划出一些配套工程，一定会是既节约资源，又有可观利润的双赢局面。

厄留蒂尔·伊雷内·杜邦很快便大胆地将想法付诸实践了。他相继兴办了建筑用焦油厂、印染厂、油漆厂等等。这一系列产业的建立，使得厄留蒂尔·伊雷内·杜邦的经营得以步入多元化的轨道。

这其中，厄留蒂尔·伊雷内·杜邦的毛纺织厂发展得最为声势浩大。厄留蒂尔·伊雷内·杜邦不仅引进了西班牙的著名羊种美利奴羊，而且收购了威尔明顿附近居民手中的羊毛以供毛纺织厂原料之用。也许这座毛纺织厂注定是"身世不凡"的吧——不久之后，它便见证了杜邦兄弟俩的情谊在他们下一代身上的延续。

没错，没过多久，维克托·玛丽的三儿子塞缪尔·弗兰西斯·杜邦便同厄留蒂尔·伊雷内·杜邦的女儿苏菲娅·玛德琳订婚了。毛纺织厂便作为嫁妆到了维克托·玛丽一家名下。这桩婚姻不仅使维克托·玛丽与厄留蒂尔·伊雷内·杜邦两家的情谊得以延续且锦上添花，还使得杜邦家族的纯正血统得以保留，老杜邦——皮埃尔·塞缪尔·杜邦对这桩婚事极为满意。

1833年6月27日，塞缪尔·弗兰西斯·杜邦与苏菲娅·玛德琳携手走进了婚姻的殿堂。这一天意义非凡，因为它开创了杜邦家族近亲联姻的先河，在此之后，杜邦家族成了美国历史上内部联姻最多的家族，传到第三代的时候，就已经有了十对。

在今日，近亲结婚早已是不被允许的事情。但是在当时，老杜邦却认为，"表亲之间的婚配，会确保灵魂的诚实和血统的纯正。"其实，这句话的言外之意在于——表亲之间的婚配，是为了杜邦家族财产的不外流。

然而事情的发展却并不像人们预想的那样。在老杜邦去世后不久，杜邦家族便因为利益问题矛盾纠纷骤起。这个庞大的杜邦家族，最终在利益面前还是免不了分崩离析。

4. 父亲的债务危机

皮埃尔·塞缪尔·杜邦践行力惊人，不放过任何一个在身边的机会，其实人们应该知道，这种人就是没机会都能挖出机会来。一个企业家，竟然被看作一个民族英雄般的人物，这真是神奇。在当时的背景下，人们发现皮埃尔·塞缪尔·杜邦所走的每一步都那么铿锵有力。

当他受杰斐逊托付，购买路易斯安那时，一枚功臣的勋章注定要挂在他的胸前。皮埃尔·塞缪尔·杜邦并不着急回美国，他在购买了路易斯安那后，马上致信杰斐逊，把自己长居于法国，为美法关系做出更大努力的愿望告诉了他。这是第一步，杰斐逊当然马上答应了他。

此后，皮埃尔·塞缪尔·杜邦又以一个自己人的口吻娓娓道来，希望杰斐逊能够关照杜邦家族的火药厂，而且，在必要的时候给予最大的帮助。这是第二步，杰斐逊当然也没理由不答应他。

然后是第三步，皮埃尔·塞缪尔·杜邦希望以美国商务代表的身份常驻巴黎，他说道："我愿意为美国进行与法国的对外贸易做出我应该做的事情。"第一步和第三步是讲明自己的忠心，第二步夹在这两步之间，显得那么恰如其分。皮埃尔·塞缪尔·杜邦进行了一次温和的邀功，那是一道温和的命令，有一种温和的霸气在他身上逐渐显现出来。

皮埃尔·塞缪尔·杜邦就那么心甘情愿地待在法国不顾自己的厂子吗？当然不是，人们看惯了他在协商中的自如理性，其实在美国的经历让他不免伤感，人在空虚的时候，仿佛就有了一种得到的欲望。

如果用伪心理学的方式来分析，皮埃尔·塞缪尔·杜邦难免有点可笑。他购买路易斯安那，毕竟是理性的选择，其一，美国得到自己十分看重的东西，皮埃尔·塞缪尔·杜邦自己的声名更有保证；其二，出售路易斯安那对法国来说是有好处的，拿破仑政府雄心勃勃，需要资金支持，尤其是现金，皮埃尔·塞缪尔·杜邦以中间人的身份使三家得到了实惠。

这让人想起了中间人这个角色。世上最难做的，恐怕就是中间人了，既要顾及两方的情绪，还要注意自己的原则，因而世上的中间人往往不得好，中间人也不是任何人都能做的，即便是能做，也不是任何时候都能做的，人们可以说，皮埃尔·塞缪尔·杜邦在恰当的时候以恰当的身份做了，所以他成功了，他成功扫掉了让自己不太顺心的经历。

皮埃尔·塞缪尔·杜邦在法国充分发挥了自己的交际才华，促成《巴黎和约》使他名声大噪，而这个名声在此时得到了升华，在法国，皮埃尔·塞缪尔·杜邦穿梭于各个阶层，如鱼得水。以后的事会更加充分证明杜邦的高瞻远瞩，此后，杜邦家族的火药源源不断地顺利卖到法国，工商界的人士没有不知道皮埃尔·塞缪尔·杜邦的。

当人际、金钱、威望发展到一定程度后，权力就成为理所应当的事，皮埃尔·塞缪尔·杜邦走到人生显赫位置的一大标志——1807年，当选为巴黎工商协会的副会长，这时候，另一个举世瞩目的人物——拿破仑对皮埃尔·塞缪尔·杜邦已经到了视为知交的程度，很简单，这个人可以给自己带来方便。

拿破仑是一个君主，得到君主的赏识，皮埃尔·塞缪尔·杜邦显得非常兴奋，人一旦兴奋，就容易飘飘然，他不知道，伴君如伴虎，更何况他伴的还有杰斐逊，一虎尚忧，况二虎乎。

世界上越是成功的人物越容易相信自己的个人力量，所有的荣辱都在这上面被吞吐，皮埃尔·塞缪尔·杜邦也不例外，不久，他便面临第一次与拿破仑的矛盾。

事情是这样的，拿破仑对法国与美国的矛盾采取强硬措施，好大喜功的他不仅态度傲慢，在行动上更是激进，他让南征北战的军队偷偷劫掠美国的商船，扣押船上的货物，蛮横至极，拿破仑的所作所为展现了他粗鲁莽撞的一面。不仅如此，面对皮埃尔·塞缪尔·杜邦的抗议书，他恼怒至极，看完后想都没想，撕得粉碎。

关于拿破仑，有一个故事可以看出他的权力意识之大，那是《拿破仑传》里讲的关于拿破仑登基的故事：

"拿破仑决定在7月14日举行登基庆典活动，因为这一天是巴黎人民引以为豪的一天，15年前的这一天，巴黎人民攻占了封建主义的堡垒巴士底狱。可是1804年7月14日正好是星期六，拿破仑下诏庆典改在7月15日星期天举行。

"这一变动完全是为了节约时间。"他说，"使我坚决反对重建天主教信仰的就是从前有那么多的节日要纪念。一个圣徒纪念日就是一个偷懒日，我不喜欢那样，因为百姓必须干活才能活命。我同意一年设4个节日，不能再多。如果罗马的大人老爷对此不满，他们尽可以离开。"在他看来，浪费时间是极大的灾难，所以他总是把不可少的庆典合并到已经奉献于宗教用途的日子里去举行。

7月15日，拿破仑在盛大的帝王仪仗的簇拥下首次在巴黎市民前露面。皇帝和约瑟芬皇后一行穿过宽广的大道，浩浩荡荡地来到荣军院。在这里，皇帝皇后受到典礼大臣塞居尔先生的接待。拿破仑高踞宝座之上，显赫的帝国高官们如众星捧月般地围在四周，煞是威风。红衣主教贝洛瓦先生做完弥撒后，拿破仑戴上王冠，开始宣誓。宣誓完毕，荣军院内外响彻了"皇帝万岁"的欢呼声，此起彼伏，经久不息。

拿破仑在这次庆典上宣布，他将亲自去给集结在布伦的军队颁赐荣誉勋位。不久，他就实践了诺言。18日，他离开圣克鲁，兼程前往布伦。第二天，当大家还在忙于准备接驾时，他已在士兵中间视察工事了。

拿破仑选择了8月16日即他生日的第二天来颁发十字勋章。这天，晴空万里，阳光灿烂，80000多士兵敲锣打鼓，高奏乐曲，一个师一个师地向兵营附近的平原汇集而去。平原中间有座小山，拿破仑和他的臣下就驻扎在小山上，各师团围绕着这座小山排列成行，犹如四射的光芒。拿破仑在这个借助于大自然之手布置的御座上高声宣读了一份鼓舞士气的誓言。

看得出，这个时候的拿破仑比任何时候都显得精神饱满、神采奕奕。接下来就是颁发十字勋章，每一位受勋士兵在佩戴勋章时都要两呼"皇帝万岁"。授勋完毕后，军队开始一小时的演习。正在这时，一位副官前来报告：海面起了风暴，四五艘炮艇搁浅。拿破仑立即翻身上马，飞奔着离开平原，后面跟着几位元帅。奇怪的是，拿破仑一到达，风暴就魔术般地停止了，炮艇平安进港，完好无损。拿破仑放心地返回了军营。

固然一代商人皮埃尔·塞缪尔·杜邦有权有钱，但拿破仑有军队，抛开当时的形势来理性分析，天下总是掌握在军人的手中，军人的无礼因而显得那么可怕。人们之所以不想争斗，是因为不想发怒，而手里的军队使拿破仑有资本把皮埃尔·塞缪尔·杜邦千刀万剐。

但拿破仑身为一代枭雄，毕竟不是粗鲁莽夫，他对皮埃尔·塞缪尔·杜邦怀恨在心，但是并没有马上采取对抗美国的更激烈的措施。先前，杰斐逊政府颁布《禁运法案》，想通过大商战来避免美国与英国发生更大的冲突，一年以后，拿破仑主动对英国展开封锁，是为了缓和与美国的关系，同时是为了打压英国，于是，之前的摩擦最终摆平，美法两国结为同盟关系。

此时的皮埃尔·塞缪尔·杜邦有点失去理智，在美法的矛盾得到较大缓和的时候，皮埃尔·塞缪尔·杜邦的观点是，只有法国购买因在《禁运法案》中积压的小麦，美国才可以同法国进行友好交往,他期望以一人之力扭转国际局势。

这个商人令人惊异地失去了油滑的理智,商人讲究等价交换,而政治家每天面对的事,都是不等价的交换造成的矛盾,这就是企业家和政治家的不同,也可以说,这就是皮埃尔·塞缪尔·杜邦和杰斐逊的不同。在政府间的问题上,他显得太过于执拗,而执拗的人迟早会为自己的坚持付出代价。

拿破仑又一次发怒了,他的皮埃尔·塞缪尔·杜邦兄弟突然间变成了自己的敌人,专门费尽心思来反对自己。

那么,皮埃尔·塞缪尔·杜邦怕什么?怕被驱逐出境?没关系,美利坚合众国已经是自己的家园。是的,他貌似没什么可怕的东西,于是他仍然强硬地坚持着自己的看法。殊不知,一场突如其来的打击使得皮埃尔·塞缪尔·杜邦受到了极大的打击,如果他事先知道会如此,他无论如何都不会和拿破仑闹翻的。经历过战争的人,总是太过于自信,而到最后,却难免使自己陷入争斗之中。

拿破仑将军打天下,用的是军队,是生命,是鲜血淋漓的白骨,军队是他得以立足的一切,是根本的根本,日后被囚禁,当他逃出来的时候,第一件事便是组织军队,军队打天下,而打天下就必然有伤亡,循环往复地征用军人就是建功立业的最重要的事,而能否征到军队是关键。

征用军队,高额的抚恤金是吸引青年志士的必要手段,为了支付如此多的抚恤金,拿破仑尽了最大的努力,但三分之一的死亡率还是让他觉得举步维艰。军队,国家的灵魂,也是拿破仑的灵魂,那么,到底怎么才能解决这个矛盾呢?拿破仑陷入了深深的思索,拿破仑下令,停止法兰西银行的纸币兑换,尽管对一些人来说这个政策显得有点过分。

　　这一下，皮埃尔·塞缪尔·杜邦彻底惊慌了，他已经将大部分资金都用在了金融和保险方面，以图谋得更多的利益，纸币兑换的取缔，对皮埃尔·塞缪尔·杜邦来说无疑是当头一棒。富可敌国的皮埃尔·塞缪尔·杜邦一下子陷入了泥淖之中，他的丰厚的财产在顷刻间化为乌有。

　　就像一个作家的所有作品被付之一炬，一个运动员失去了双腿，一只鸟儿被斩断翅膀，这个企业家失去了资产。

　　皮埃尔·塞缪尔·杜邦以一贯的不服输的精神、绝地反击的精神，想实现翻盘。一个人在面对压迫的时候，最先想到的往往是对权力的渴望，皮埃尔·塞缪尔·杜邦有权力，但这个权力——工会副主席在拿破仑的眼里实在是太不算一回事了，尽管皮埃尔·塞缪尔·杜邦竭尽全力大搞舆论，指责拿破仑的独裁行为，但拿破仑只需简单地解散工商协会，一切就会平静。

　　当然，事实上，拿破仑也正是这么做的。与一个国家的皇帝相比，皮埃尔·塞缪尔·杜邦太不值一提了。失去了仅有的一点权力后，他面临的境况已经可以说是万劫不复，因为皮埃尔·塞缪尔·杜邦大部分投资在金融和保险上的钱是借来的，所有的债主都是势利眼，看到皮埃尔·塞缪尔·杜邦的如此遭遇，纷纷来讨钱要债，皮埃尔·塞缪尔·杜邦几近崩溃，让他崩溃的不是失去了多少钱，而是没钱之后人们的薄情。

　　他没有办法，只能把自己手中杜邦公司的股票拿出来作为抵押。

　　皮埃尔·塞缪尔·杜邦这次彻彻底底败给了拿破仑，实际上，他是败给了自己。

事实上，这件事情最终转移到了厄留蒂尔·伊雷内·杜邦身上，杜邦家族在美国已经扎根，立足稳健，而自己"伟大"的父亲，就要给家族的发展带来毁灭性的影响，是的，杜邦家族的股票是最后的法宝，如果卖掉，所有的东西都会毁灭，厄留蒂尔·伊雷内·杜邦并不想这样，他也很苦恼应该怎么办。

他决定，先了解清楚债主的真正意愿，最后他知道，很多债主只是想拿回属于自己的钱，而不是搞垮杜邦火药厂。商人重钱有时候是最可恶的性格，有时候是最可爱的性格，建立在钱上的原则也是原则。

厄留蒂尔·伊雷内·杜邦耐心地向他们解释公司的困境，一时间拿不出那么多的现金，请宽限几天等等，就像是一个即将破产的老板在面对债主时所说的话。但不同的是，厄留蒂尔·伊雷内·杜邦神情十分坚毅，这给了自己自信，也给了债主信心。另外，他大摆亲和政策，与债主们搞好关系，打亲情战，其中一个年轻的债主——安德宛同情杜邦公司的遭遇，和厄留蒂尔·伊雷内·杜邦一拍即合，最后成为厄留蒂尔·伊雷内·杜邦二女儿埃维莉娜的丈夫。

厄留蒂尔·伊雷内·杜邦以惊人的耐力打发完一些债主，另一些债主又接踵而至，厄留蒂尔·伊雷内·杜邦在慌乱中仍然保持镇定，他认为当前最重要的事情便是把自家的股票收购回来。

祸不单行，厄留蒂尔·伊雷内·杜邦的一个合伙人彼得·博迪横插一手，他告诉了安德宛的父亲此时杜邦公司的情况，建议尽快将手中的股票转手。明枪易躲，暗箭难防，厄留蒂尔·伊雷内·杜邦知道后异常愤怒，真想报复彼得·博迪，但他忍住了，最后他和彼得·博迪绝交。

这是不可调和的矛盾造成的，但是在这困境中，幸好还有人值得信任，安德宛向父亲揭发彼得·博迪的卑劣行径，给厄留蒂尔·伊雷内·杜邦以莫大的支持。

厄留蒂尔·伊雷内·杜邦现在最担心的一件事便是普希，她是父亲的第二任妻子的儿子，败家子，见风使舵，看到杜邦家族遇到了困境不加以帮助，反而加入要债的队伍中来——他的手中持有杜邦公司的4股股票，最后，上天还是眷顾了杜邦家族，普希病逝。

1815年，拿破仑从厄尔巴岛逃了出来，以前的死敌纷纷吓破了胆子，包括皮埃尔·塞缪尔·杜邦，他赶紧从法国逃到美国避难，因为他知道，在法国多逗留一分钟都是冒着殊死的危险，拿破仑的铁拳手段往往使人不寒而栗，他的家族差点被毁了，他十分懊恼，所幸，儿子并没有过多责怪他，他惆怅万分，在抑郁中离去，带着满腹的遗憾离去了。但是，当他知道自己的家族并没有因此消逝，自己的后代大有作为的时候，他应该可以含笑九泉。

第五章　军火帝国

1. 与政界、军界建立关系

在战争时期，毫无疑问地，杜邦家族可以肆意地发大财，别的因素并不是不在其考虑范围内，而是在大背景下，杜邦家族别无选择。对普通大众来说，战争是一个死神，但对杜邦火药厂来说，战争无疑是一个超级印钞机，尽管有被战争摧毁的危险，杜邦火药厂还是在危险中谋求了无穷的财富。

同样的，在拥有无穷的财富之后，杜邦家族的思想重点便是怎么才能保证这些财富在和平年代以同样的速度增长，甚至怎么才能以更快的速度增长。这其实还是权钱问题，麦迪逊不太买杜邦的账，最后缓和了，这对杜邦乃至整个家族来说是一个警示和启迪。

没有失权的成功商人，少有没钱的成功官员，古往今来，任何地方莫不如此，在崇尚交易、崇尚货币交换的北美，钱更是催人奋进的力量。

厄留蒂尔·伊雷内·杜邦聘请过美国华盛顿政府第一任财政部长亚历山大·汉密尔顿，这说明对于和政府的联系他是很重视的，当然，这一方面说明了杜邦家族的财力，更可以看出其雄心。难道只是需要一位法律顾问吗？其实，这是杜邦家族踏入政府内部的第一步。

哪怕仅仅是影响到政府的决策，都可以让杜邦火药厂随心所欲地扩大市场，那对杜邦家族意味着什么是不言而喻的，很多年之后，当杜邦家族的后人回想自己的前辈，肯定会对他们的这一坚定智慧的做法崇拜不已，感激不已。

在麦迪逊当总统的时候，杜邦家族差点没栽进去，但随着战争的深入、形势的危急，麦迪逊最后还是接纳了杜邦家族，尽管这偏离了厄留蒂尔·伊雷内·杜邦的设想。

麦迪逊是自己人，但麦迪逊最后也得走，那么接下来的人会是自己人吗？厄留蒂尔·伊雷内·杜邦不得不思考这个问题。其实，政府内部对总统的人选也是不确定的，而且有个关乎杜邦家族的直接利益——到底是主战派还是主和派担任主要角色，在这个选择上，我们需要看到一个商人的不太光彩的嘴脸。

无论新上任的是谁，厄留蒂尔·伊雷内·杜邦都希望这个人是主战派，主战派就代表了自己的市场。这个商人第一次显示出了不太光彩的嘴脸，甚至是卑劣丑陋的嘴脸，人们对他的很多美好的性格进行了描述，但在这个时候，一切都显得那么不真实，对人格的怀疑和失望，对现实的无奈。

是的，对于厄留蒂尔·伊雷内·杜邦来说，当选者是不是对移民人员有偏见不太重要，重要的是，他是主战派。当时的美国政府也的确是充满着火药味，因为亨利·克莱这个好战分子，他身为众议院议长，把一批同自己一样的好战分子安排做各个重要委员会的主席。冥冥中，这个政府仿佛做好了准备——战争，厄留蒂尔·伊雷内·杜邦对此十分看好，战争战争，大家都是一家人。

尝过了进入政府的甜头，厄留蒂尔·伊雷内·杜邦开始瞄准政府，进行权衡，他其实十分有把握，共和党这个有明显优势的政党，厄留蒂尔·伊雷内·杜邦清楚，火药若想被大批量地订购，战争是最好的催化剂，战争好似只是为了杜邦家族而进行的。

若要打仗，国家便需要征兵，杜邦火药厂的职工是可以逃脱兵役的，杜邦家族的人应该也能，战争给别人家的青年以死亡，自己从中获利，这真是沿着道德边缘行走的阴谋家。

厄留蒂尔·伊雷内·杜邦对胜利的渴望有点过头，在特拉华州进行选举的时候他妄想以自己的兵团来左右选举，这一步是十分不恰当的，厄留蒂尔·伊雷内·杜邦并不是一个军事家政治家，他只是一个商人，商人可以有学问，但未必玩得转暴力。

当所有的民众都对厄留蒂尔·伊雷内·杜邦的意图表示出厌烦的时候，厄留蒂尔·伊雷内·杜邦终于不再执拗，这只是对自己影响不是非常大的总统选举，如果这对自己是影响非常大的事呢？厄留蒂尔·伊雷内·杜邦会不会退出，人们可以看出他本身的弱点，同样的对自己过于自信而导致的在某种程度上的贸然。

在美国这个民主意识特别强的地方，大众是最招惹不得的，厄留蒂尔·伊雷内·杜邦妄图以武力来震慑民众的结果便是民兵团被赶走，厄留蒂尔·伊雷内·杜邦此时想必是十分纠结的，但他并没有很在意，总统仍然是麦迪逊的，这也没什么好在意的，在这个事件之后，厄留蒂尔·伊雷内·杜邦已经形成了一种新的认识，人民大众不是好惹的。

之后，厄留蒂尔·伊雷内·杜邦饶有趣味地谋划了另一件事，这也是现代很多企业家非常注重的——慈善，人民大众是惹不起的，对于惹不起的人，有两种解决方法，其一，跟这些人针尖对麦芒地对着；其二，亲近他们。

为了更好地打进政府内部，厄留蒂尔·伊雷内·杜邦首先要做的是亲民。商人并不着急，着急是做生意的大忌，厄留蒂尔·伊雷内·杜邦对公共设施进行了大范围的修理与维护，特别是对教堂——整个地区人们最信任的地方，神的所在。各种慈善活动使厄留蒂尔·伊雷内·杜邦的名声转危为安，称呼他为好战分子的人们也转而支持他。

厄留蒂尔·伊雷内·杜邦并没有十分震惊，以他对人们的了解，他知道，人们是讲究实际效果的，给他们利益，他们就会想自己的好，叫自己好战分子的人不多了，这其实就是经商，拿好处来就经营，商人的世界观必然是利益为本的。

另外，厄留蒂尔·伊雷内·杜邦的哥哥维克托·玛丽凭着这一阵子的影响力进入了特拉华州的众议院。布兰迪万溪，几乎是杜邦家族的内流河，两岸的人们都是杜邦家族产业的雇佣工，厄留蒂尔·伊雷内·杜邦便是这个地带一切的领导者，至少是决定者。

打入政府内部，接下来需要做的便是在决策上施以自己的意志，哥哥维克托·玛丽的加盟让政府和自己的关系更加亲近，厄留蒂尔·伊雷内·杜邦追求的就是这样，只有这样，杜邦火药厂的发展才是充分且长足的。而事实上，他也的确做到了这一点，在获得权势以后，厄留蒂尔·伊雷内·杜邦的野心变得更大，他的下一个目标是修改宪法。这让厄留蒂尔·伊雷内·杜邦自己想一想都够惊人的，杜邦家族之强势可见一斑。当时，随着杜邦公司的一步步发展，美国国内的一些小公司被吞并。对实力强大的企业来说，吞并是一件非常美妙的事，因为懂经济学的人都知道，吞并的好处是远远超出风险的——尤其对于杜邦火药厂这样的实力超级雄厚的大企业来说。

势力吞并，下一步是什么呢？当然是垄断，问题是当时的特拉华州宪法不允许这种公司的存在，修改宪法便成为最需要试一试的事了。对于一路披荆斩棘的厄留蒂尔·伊雷内·杜邦来说，有什么事是可以难住自己的呢？一次次的成功会改变一个人的世界观，当时的厄留蒂尔·伊雷内·杜邦认为，世上的任何事都是可以尝试的，而一切事情的成功，都是在尝试的基础之上的，厄留蒂尔·伊雷内·杜邦不仅仅是一个商业家、经济家，还是一位冒险家。

在多数人的眼里，什么都可以侵犯，唯独法律不可触碰；在冒险家的眼里，大河高山都不是问题，而社会里的东西最是束缚，法律当然是顶级束缚的产物，但在厄留蒂尔·伊雷内·杜邦这里，人们看到了不同的一面，杜邦的火药厂，原来不只可以消灭人类，还可以左右法律。

最终，凭借精心铺垫的道路，厄留蒂尔·伊雷内·杜邦实现了别人想都不敢想的宏愿——修改特拉华州的宪法。从此，特拉华州立宪法就成为杜邦火药厂的工作制度。这在人类历史上是史无前例的。

这期间，维克托·玛丽充分发挥自己的交际才能、组织才能，多方走动，他提到的最多的事便是杜邦火药厂的雄厚的经济基础，重视实际的州政府官员最终接受了建议。

同时，这给了厄留蒂尔·伊雷内·杜邦更进一步的激励，他就是一个冒险的领导者，领导自己的家族在攀爬一道陡峭的山脉，而修改了州宪法，就好比在攀爬的过程中揳下了一根长长的保险钉。厄留蒂尔·伊雷内·杜邦的下一个目的，猜都可以猜得到，从州立政府的关系过渡，一直到国家政府，那时，特拉华州发迹的杜邦家族将真正做到进退无忧。

美利坚合众国的传统，合法贿赂总统选举，这对于任何势力强大的公司来说都是合法的勾当、诱人的政策，在罗斯福竞选的时候，杜邦公司给予了资金援助，杜邦家族的行为用一个恰当的比喻来形容的话，很简单——钓鱼。

杜邦家族用几万美元对官员进行赞助，获得的回报是大量的订单、丰厚的回报，杜邦公司花了几万美元，却盈利220万美元，这鱼钓得非常厉害。不是吗？在美国政府里，钱钱钱，绝对的万金油，杜邦家族用钱培植了自己根深蒂固的势力。

杜邦家族以金钱起家，但不拘泥于金钱，在一次次的贸易中他们知道，光靠钱是培养不出真正的势力的，钱可以作为铺垫，但钱毕竟不是万能的，有时候，它只能起到一个间接的作用，有钱人可以意识到钱的非万能性，这就厉害了，在不长的时间内，杜邦家族建立起了庞大的政界、军界关系网，从此以后，在美利坚合众国，杜邦家族真正做到了举足轻重，他们不断往政府安插自己人。

世界上最了不起的事、人们一直在追求的事，无非是把自己拥有的东西换成自己想要的东西，在迅速增长的产业下，厄留蒂尔·伊雷内·杜邦的力量更加强壮，他可以更加随心所欲地谋划、谋划，前进、前进。

2. 找到适合自己的定位

厄留蒂尔·伊雷内·杜邦在很小的时候，有一次被人欺负了，他非常沮丧,觉得这个世界背叛了自己,于是他去问父亲,怎样才能变得强大,他父亲说,等你有钱了,就没人敢欺负你了。幼年时的他还不太明白,其实没经历过实在的金钱交易的人都不容易明白。而现在,杜邦家族的每个工人都在欣喜,自己的选择是正确的,身为杜邦的一员,意味着有稳定的收入。

父亲已经去世13年了,厄留蒂尔·伊雷内·杜邦已经成为自己家族的家长,在日夜流淌的小河旁,他有时候也会沉默,用树枝在地上划着,有时候水会给他带来过往的回忆,这时候他就会感觉到自己原来如此温情。故乡,哪里是自己真正的故乡呢?所有漂泊在外的人都有一种莫名的思乡情怀,在布兰迪万溪畔,所有的地名都用法语命名,这是杜邦家族穿越国界、耸立于世界之巅的标志,也是一个怀有梦想的家族,在他乡开拓进取、终有所成的标志,开玩笑地说,杜邦家族已经率先成了世界公民。

厄留蒂尔·伊雷内·杜邦应该可以告慰父亲的在天之灵了。

杜邦火药厂的成功有很大一方面得益于雇佣劳动力的方式,作为法国移民,他们之间有着深切的共同心理。很多员工都是厄留蒂尔·伊雷内·杜邦挑选的,他专门挑选从法国移民过来的员工,很大的一部分原因是语言,生活在语言相通的地方,他们的工作才能便利;生活在语言相通的地方,他们的工作才能进展得顺利;生活在语言相通的地方,他们的劳动力才会被充分发掘。

厄留蒂尔·伊雷内·杜邦是外来人,他知道外来人口的不容易,但他更是一个资本家,在他的眼里,温情当然是好的,但生存更重要,他所做的一切只有一个目的——振兴杜邦家族。他对于法国的同胞,在这时候,却没显示出慈善家的本色来,他的最大目的便是两个字——剥削。杜邦火药厂的工作量非常大，而且管理相当严格，虽然没找到过杜邦火药厂打骂工人的记载资料，但能把大批工人管理得井井有条，就是一种成功。人们都知道，一个如此庞大的企业，一个拥有全州百分之十劳动力的大公司，什么是最重要的？是老老实实的劳动力，是本本分分的努力，而这些人都是在背井离乡的情况下，积极地在杜邦火药厂寻找着寄托。

杜邦公司的福利也是诱人的，正像一般的公平交易一般，工人们卖掉了自己的劳动力，杜邦公司的宗旨便是：只要你舍得卖，我就舍得拿钱，让工人们做牛做马也应该。在管理方面，有两种方式很值得一提。

首先，杜邦公司对工作出色的员工实行终生雇佣和世袭劳动力的原则，这对工人们实行了严格的管制和利用。第二，杜邦公司修建教堂，在精神上把工人束缚起来，这一招更厉害，这样一来，工人的所有心力便都在杜邦的火药厂里，如果可以找出一样东西来进行对比，那只有专制王权下的人们了，但那是被迫的，这是心甘情愿的，有天壤之别，人们其实也可以说，杜邦火药厂本身已经成为以福利为纽带的专制帝国。

对于移民来说，最重要的便是怎么挣钱，怎么抚养孩子，而杜邦火药厂给了他们这个机会，这在他们看来是弥足珍贵的，就像专制统治下的百姓，一直屈服在农场主的小小利益下，为了一丁点的回报当牛做马。这是十分值得同情的。同情，是因为这个世界缺少情意，在以货币交易为中心的国度，没什么事能换取那些所谓主人的真正的同情心，故乡在一定意义上是美好的象征，在另一个意义上，是残酷的象征。

厄留蒂尔·伊雷内·杜邦给公司带来了极大的效益，他现在终于可以喘口气，轻松一下了。之后，对于员工的管理，厄留蒂尔·伊雷内·杜邦想，唯一缺少的控制力量便是暴力，于是他加强了民兵团的建设。

面临着暴力，工人们就更像是沉默的羔羊。如果想知道对工人的管理有多么必要的话，请看19世纪西方资本主义世界的几次大规模工人起义就知道了，工人就像是一片水，把杜邦公司托在自己的身上，杜邦公司要做的，是封闭好这片水，不让它起风，以免推翻自己，落得个人财两空。里昂工人起义的情况可以引以为鉴。

19世纪20年代，在空想社会主义者四处宣扬自己的主张时，工人们开始一次次觉醒，武力斗争是手段之一。法国的里昂是工人非常多的地方，里昂号称丝绸之乡，整洁美丽，但是这种情况在工业区却看不到，在工业区，人们住的地方垃圾遍地，十分贫穷，妇女和儿童营养不良，他们一天要工作十五到十六个小时，挣到的钱却只能买一磅面包，勉勉强强维持生计，很多人都在饥饿中失去了生命，相当凄惨。

在这种情况下，工人们实在是走投无路了，便用了最天真也最老实的方法——和政府谈判。《世界通史故事》里有这么一段文字：

"资本家们根本不打算接受工人的要求。开会的这一天，他们想方设法地讨价还价，而工人代表则是理直气壮，毫不让步。正在双方激烈争论的时候，从外面传来了震耳的吼声和歌声。原来6000名纺织工人停止了工作，列队来到省政府门前示威。他们高唱着战歌，雄赳赳地来到了会议厅外。

"资本家们赶忙闭上嘴，仔细一听，听出工人们在唱《马赛曲》。他们顿时着了慌，乱成一团，连话都说不清楚了。有几个大商人凑到一起交头接耳商量对策，决定先来个缓兵之计，然后再想办法。这一天深夜，工资标准协议终于被通过了。胜利的消息一传出，整个里昂的工人区立刻沉浸在一片欢乐的气氛中。工人们为斗争的初步胜利而欢呼。

"然而，资本家们并不甘心认输。他们派人向内阁总理告状，反对工资标准协议。政府立即根据制造商的要求否决了这项协议，还准备用武力镇压工人。将军罗盖公开叫嚷：'如果工人敢于起来，那就叫他们的肚皮开花。'制造商们有罗盖撑腰，马上背信弃义地撕毁了协议。3个星期过去了，工资还是照旧。这种强硬的态度使工人们预感到一场恶战就要开始，他们立即行动起来。

"11月21日早晨，工人们罢工了。一支2000人的游行队伍从工人区出发，直奔市中心。他们4个人一排，踏着坚定的步伐，高歌行进……

"他们呼喊着冲向敌人，没有枪支，便挥起木棍、腰刀；有的人拿起了石头，有的人抡起了拳头……不一会儿，他们在城门外的空地上筑起了街垒，用夺来的武器向敌人射击，政府军队顿时慌了手脚。枪声传到了工人区，这里的人们立即沸腾了。他们涌进军械铺，把里面的枪支、弹药和刀剑抢在手里，又一齐赶到城门前。

"工人的力量加强了。他们向政府军发动猛攻，终于破门而入，冲进了城里。

"城里每个主要街口差不多都有政府军防守。工人们把路上的石头和灯柱刨起来，把货车推翻，又运来木板和桌柜，筑起了一处处街垒。就这样，他们同政府军展开了激烈的巷战。缺少子弹，他们把机器上的铅质零件拆下，熔制成小块顶替。英勇的少年儿童也投入战斗：送子弹，送食物，侦察敌情，有的直接拿起了枪。妇女们做饭，护理伤员。工人们越战越勇，攻占了一条又一条街道，一座又一座房屋，从四面八方向市政厅推进。

"下午，在市政厅周围也出现了起义者的街垒。在一处坚固的街垒上升起了一面大旗，迎风招展，上面写着两行醒目的大字：'工人不能生活，毋宁战斗而死！'

"晚上，工人们连夜派人和其他行业的工人联系，起义队伍不断扩大。里昂城整夜枪声不断，火光冲天。各路反动军队招架不住，纷纷向军营和市政厅退却。

"23日清晨，起义队伍占领了整个里昂城。武装起义司令部立即派出哨兵和巡逻队，社会秩序很快恢复了。起义工人成立了工人委员会，宣布废除捐税，实行工资标准协议。委员会还发表告市民书，宣布自己的政治主张，要求实行民主选举，把自己的代表选进政府。这是因为，当时的工人还没有彻底摧毁资产阶级政府的思想。省长和官吏们照旧在发号施令，管理市政。工人领袖甚至邀请警察局长也参加他们的辩论会。他们对政府的官员完全没有戒心。"

人们能够看到工人阶级的局限性，但也可以看到他们的力量、对美好的希望与憧憬。介绍里昂工人起义，不仅仅是为了说明杜邦火药厂制度的必要性，也是对杜邦企业发展的背景进行简单介绍。

当然，厄留蒂尔·伊雷内·杜邦并不是一个死脑筋的人，在把工人纳入囊中之后，他的下一步便是把自己的囊中之物收拾得更好，那么，教育的问题就显现出来了。

其实在任何地方、任何时代，工人的教育问题都是十分急切的。人们可以看出，关于工人的教育问题，一是要投入，二是要抓好教育。厄留蒂尔·伊雷内·杜邦把工人子女都弄到自己开创的学校里学习，这一做法无疑十分有远见。

工人的问题解决得差不多了，杜邦现在需要做的就是扩大自己的声势。首先，他喜欢开记者会，把自己的动态积极地描述给大众，尽管其中不乏虚构美化的成分，反正目的达到了就是胜利。厄留蒂尔·伊雷内·杜邦认为，所有的事都是为结果服务的，他要的是结果，这是他一直以来都遵循的原则，随着宣传工作做得如火如荼，另一件事情便接踵而至——企业的形象问题。

在企业形象上，和记者们搞好关系当然是必需的，但这还不够，老杜邦在世的时候，就已经把形象观念传承给了厄留蒂尔·伊雷内·杜邦，他的下一步是什么呢？很巧妙的一个方法，既然别的媒体可能会说对自己不利的话，那就自己创办杂志。自己对自己最有发言权，这是一句实话，尽管发言权未必被用来说真话。

《杜邦杂志》每一期都在显眼的位置报道杜邦公司的最新情况，每一个美国人都知道厄留蒂尔·伊雷内·杜邦这个大富翁，一个智慧、大度、慈善的商人！

随之而来的，就是杜邦家族势力的扩展，在政治、经济、金融、交通乃至新闻方面，杜邦火药厂都有自己的一套，据不完全统计，杜邦控制着特拉华州近两成的产值，什么是富可敌国，杜邦家族或许可以给出一个恰如其分的解释。

3. 为什么不说话

人们看惯了厄留蒂尔·伊雷内·杜邦叱咤商场的威风，殊不知，再威风的人也有内心柔软的一个角落。父亲的去世，貌似没有影响厄留蒂尔·伊雷内·杜邦的一系列行为，但是暗流往往更汹涌，内心的感情往往比表现出来的要深沉得多，厄留蒂尔·伊雷内·杜邦没有向别人表达自己的伤痛，但其实他的心里十分地哀伤，他并不是一个喜欢高谈阔论的人，他一个人默默承受着。

但是，他本身就是父亲的一个宝贵的遗产，他身上神奇地承袭着父亲的基因，一样的睿智聪敏，果敢而富于手段，每一个日日夜夜，他都想念自己的父亲，而这种亲情的思念带来的就是更进一步的奋斗。我们的周围有很多沉默的人，但是每一个人都要永远记住，沉默不代表软弱，自己的路自己走，倔强而自由，尽管有一些负面的后果——比如多走一些弯路，但这没问题，一切在毅力下都显得那么简单，一切都不是问题。

当他习惯了没有父亲的日子后，他的奋斗目标便是——杜邦家族的雄起，他希望杜邦家族一代代传承下去。杜邦家族成名，是靠名声，而名声的培养靠的是产业，厄留蒂尔·伊雷内·杜邦把自己所有的精力都放在了杜邦公司和相关产业上，杜邦商业帝国正在一步一步形成，并且走的每一步都是那么的稳健，一个法国移民，一个法国移民的公司，一个曾经那么不起眼的家族，正在一步一步地前进着。

现在的杜邦家族是那么的风光，回想当初，他们作为陌生人出现的时候，是什么样的呢？当时，刚刚搬到布兰迪万溪畔的厄留蒂尔·伊雷内·杜邦，实在不能说是一个富人，但他并不气馁，他知道，自己有双手，仅仅过了一年，他就从一间石屋子中搬了出来，搬到了一座建立在小山上的豪宅。

厄留蒂尔·伊雷内·杜邦是一个善于经营生活的人，这一点让人不得不佩服他。他是一个人在孤单地奋斗吗？就像人们所知道的那些孤胆英雄？不，他有一个贤内助——苏菲娅。

苏菲娅一共和厄留蒂尔·伊雷内·杜邦养育了七个孩子，艾尔弗雷德、维克托丽娜、亨利、艾尔梯拉、苏菲娅和亚历克西斯·伊雷内，为了表达夫妻俩对孩子们的美好祝愿，最小的儿子用的是厄留蒂尔·伊雷内·杜邦的名字，最小的女儿用的是苏菲娅的名字。

苏菲娅的性格充满女性的温柔，但当她把头转向生活的时候，她就变得无比坚强，她知道自己的丈夫在做的事对这一家意味着什么，对杜邦的家族意味着什么，所以她从来不抱怨自己的丈夫，这个沉默寡言但绝对不平凡的女人，在生活贫困的时候默默地付出自己的一切，当生活得到改善的时候，她并没有得意忘形，而是把自己的爱倾注到孩子们身上——仿佛这能够弥补丈夫对孩子们的亏欠。人们知道太多伟大的男人，这些男人往往有一个特点，背后有一个贤惠的女人。

厄留蒂尔·伊雷内·杜邦可以说是一个工作狂人，他的儿子仿佛不在家里，而是在公司里，这是一个十分好笑的说法，从这个说法中，人们看到了一个专注的人，不是吗？他并不是没有情商，他望着自己的工厂，沉浸在无边的憧憬当中，在他的脑海中，杜邦家族的发展便是他的一切，他的眼前，一个伟大的家族是自己创造的，这本身就是一件十分美妙的事情。

苏菲娅并不是一个不善言辞的人，她晓得怎样才能缓和丈夫和孩子们的关系——他总是一脸硬邦邦的样子，可吓人啦。于是有一天，她和丈夫进行了一番谈话：“亲爱的，我知道，你的心里想的是什么，我也理解，也支持你，因为你总是可以以一两句话说服我的，但是我需要提醒你一下，毕竟我们活着不是为了什么工业。你看，孩子们都已经变得怕你了，他们的同学都有一个可以去接自己的爸爸，他们心里可委屈呢，我能做到什么呢？

"是的，我可以给他们爱，但是，母亲的爱与父亲的爱是迥然不同的，不是吗？我对我的父亲有感觉，我可以感受到父亲的爱，那是和母爱完全不同的安全感，你可不想自己的孩子长大后不像一个独立的孩子吧？而你可以给他们的便是独立的意识。我可以在生活上给他们以关爱，我能做的，亲爱的，我再说一遍吧，希望你不要厌倦，我作为一个母亲可以给他们生活上的关怀，另外，就是说服你，多关心一下他们，他们看你的眼神可不对劲了。”

听了妻子的这番话，厄留蒂尔·伊雷内·杜邦陷入了沉思之中，在他的眼里，孩子们在成长，人的成长过程中，需要父亲给予什么东西吗，反正自己没有，但是也独立走过来了，是男孩子和女孩子不一样？他仿佛觉得自己每天晚上回家就昏昏沉沉睡去没有什么不妥当的地方，他还不是为了自己的家族生活得更好吗？

但是，苏菲娅的话毕竟还是让他开始思考自己缺少的东西，一个父亲应该有的和蔼？自己不是教育家，天晓得孩子需要什么，但是……没有和孩子好好沟通的父亲应不应该算是一个好父亲呢？他陷入了好笑的自我对话中。

此时的他如梦初醒，但还是有点倔强，他说："不要担心吧，他们既然是我的孩子，有我的血统，就一定有一切杜邦家族优秀的品质吧。"其实他不是一个生物学家，他自己对自己所说的话都没多少底气。

苏菲娅显得有些生气，"亲爱的，继承是一回事情，教育是另一回事情，而且事实就和你想的一样吗？你知道我们的孩子是什么脾气吗？"

厄留蒂尔·伊雷内·杜邦被说服了，他心里一方面是失落，一方面是自责，一方面是对妻子的感激和赞赏，一方面是忽然涌出来的慈爱的感觉，这感觉仿佛很好呢，他慢慢想着，来到了小儿子的房间。

"爸爸！"小儿子显得毕恭毕敬，他把自己的画板放到一边，然后站定。

厄留蒂尔·伊雷内·杜邦静静地看着他，让他心里发毛，自己可没干什么坏事呢，爸爸好像也没打过自己吧，他忐忑不安，又不是那种十分的害怕。

厄留蒂尔·伊雷内·杜邦把一个小凳子放好，看着自己的小儿子。他脸庞仿佛有自己的一点影子，小家伙还和自己特别像呢，他心里忽然就有了一点内疚，他想自己确实是错了，一个父亲应该做到什么，自己好像从来没有想过，就知道在外面闯荡，这么多年以来，非常累，孩子们出生的时候，自己是何等的欣喜呢，现在却有点忽视他们了。沉默寡言的人开始自责了，然后他看看小儿子的房间，打扫得还挺干净的，他不由得又有点欣慰。

"坐下吧，"厄留蒂尔·伊雷内·杜邦让孩子坐下，然后又问，"你喜欢什么功课？"他问出这句话后便觉得十分悲哀，作为一个父亲，竟然连自己儿子的喜好都不知道。但儿子还是爽快地回答了他。

"我喜欢唱歌。"小家伙的眼里闪现出了兴奋的光彩，他接着说道，"我得了唱歌的第一名呢。"孩童的心往往十分容易满足，父亲威严的目光仿佛变得没那么讨厌了，他不由得激动起来，他想，如果爸爸想听自己唱一首歌怎么办呢？要唱哪首歌呢？他不由得又有点害羞，激动着。

厄留蒂尔·伊雷内·杜邦点了点头，他想知道儿子在逻辑方面的能力怎么样，于是他又问道："你的数学怎么样？"他想，他十分自信，自己的孩子一定会继承自己家族的优良传统，在逻辑方面绝对有专长。

"第十名，爸爸。"

"你们班有几个学生？"

"十个。"

厄留蒂尔·伊雷内·杜邦并没有觉得哭笑不得，他是一个沉默寡言的人，他一声不出，觉得不知道用什么词语来形容自己的感觉。

"大人们总是很忙，我却只喜欢唱歌，这样不会耽误大人的时。"听完这句话，厄留蒂尔·伊雷内·杜邦非常震惊，看着自己的孩子，他又生出了无限的怜爱，他从来没有和小孩子真正交往过，在自己童年的时候，也一直特立独行，不知道别人那么欢欢喜喜地打闹有什么意思，别人也不知道他自己一个人能干一些什么有意思的事情，互相都瞧不上。

而当自己长大了，有孩子了，才在忽然间发现，自己生命里存在着一个断层，一个在童年时期就养成的习惯使这个断层不断扩大，那么，自己应该怎么做呢？他的生活是自己的，这没问题，但是，自己在和孩子们接触的时候，完全没有在商场中闯荡的那种自由，在和孩子们的交往中，他感觉到了自己的无知和匮乏，困惑又内疚。一直以来，他的所有时间都用在了自己的事业上，他并不想忽视别人的感受，无视别人的存在，但摆在他眼前的一切又让他不得不这样一直做下去。

他的确是困惑，但他选择了沉默。或许每个人都会遇到这种情况的，——你是一个喜欢集中精力于一件事的人还是喜欢大大小小的事通吃的人？或者说，你生活的目标是专一于一件事还是涉猎很多事？前者容易让人办成大事，后者容易让人生活得惬意。

厄留蒂尔·伊雷内·杜邦并不是一个无情的人，他不想忽视任何人，不想让自己的孩子连自己的爸爸都不敢看。他皱着眉头，对这种情况显得无计可施，想必在商场上应付自如的厄留蒂尔·伊雷内·杜邦在此时也会显得憨气十足吧。

是当一个正常人，还是按自己原来的路走下去？厄留蒂尔·伊雷内·杜邦非常懊恼。他想："上帝啊，上帝啊，你为什么只给每个人一个脑袋呢！如果我有两个脑袋，我一定会协调好的，天知道，我一定会的啊，可人只有一个脑袋，只有无限地去计划去直接践行，才会活得惬意点，这是多么累的事，为什么只干自己想干的事情就那么难呢？"

厄留蒂尔·伊雷内·杜邦毕竟不是一个哲学家，而相反，他是一个靠实际行动维持生计的人，所以在自我的对话中他可以很容易被自己打败。

4. 哥哥的离去

家家有本难念的经，在如此多的财富面前，杜邦家族就没有一点忧虑了吗？未必。没钱的人想的是怎么赚钱，有钱人想的是怎么赚更多的钱，在根本上没有什么不同。而且，有钱人所需要顾虑的事情比穷人多得多，所以，有钱人也未必都是幸福的。同样杜邦家族也未必是幸福的。这是简单的三段论分析法，把它套用在杜邦家族身上未必科学，但从事实来看，还真就是这样的。

事情的规律往往是，一个家族可以在金钱的争取上获得一致的意见，但在其他事情上就未必了，任何人或家族都逃脱不掉这个魔咒般的规律。

还记得彼得·博迪吗？前文讲过的那个居心叵测的人？他并没有死心，以前在杜邦家族遭遇困难的时候落井下石，现在他又在计划用另一种手段在杜邦家族身上捞取自己的最大利益。

就算是拥有无限的私人权力包括军事经济权力的皇帝、国王的身边都会有小人，小小的一个家族肯定不能排除在外了。彼得·博迪是一个十分有心计的人，为了自己在杜邦家族的产业中具有更大的决定权，他想让自己的儿子费迪南德·博迪与厄留蒂尔·伊雷内·杜邦攀上亲戚。野心家的手段很高超,他经过周密的考虑,把自己的计划分成了好几步。

第一步,他要了解厄留蒂尔·伊雷内·杜邦对这门亲事的看法,当然,这是他的一种没抱多大希望的试探,他在杜邦家族的名声自己也知道,落井下石的事想必厄留蒂尔·伊雷内·杜邦不会忘记。事实和他想的一样,他经过试探,知道厄留蒂尔·伊雷内·杜邦对自己的儿子并不感兴趣。于是他又想出了第二步计划。

当时,厄留蒂尔·伊雷内·杜邦需要扩建厂房但是资金不足,彼得·博迪瞅准时机,非常痛快地借给了厄留蒂尔·伊雷内·杜邦所需要的钱,这让厄留蒂尔·伊雷内·杜邦难以拒绝。在第二步计划成功后,彼得·博迪心里有底了,他开始实施第三步——将自己的儿子费迪南德时常带到厄留蒂尔·伊雷内·杜邦的家里。他的意思是,愿者上钩。

果然,维克托丽娜爱上了费迪南德·博迪。两个人在1813年举行了婚礼。一个人是阴谋家不可怕,是贪婪者也没什么太可怕,最可怕的是,这个人既是阴谋家又十分贪婪。彼得·博迪就是这样的人。

厄留蒂尔·伊雷内·杜邦虽然是一个精明的商人,但那仅限于跟正经的生意人打交道,是凭着自己的真本事来赚钱。这次,他极不情愿将自己的女儿嫁到彼得·博迪家,但又不得不这样,他的心里非常不好受,觉得自己被别人玩弄于股掌之中,多么可悲的事情啊,但是,这也是女儿的选择不是吗?他又显得无可奈何。

人们开始渐渐明白,厄留蒂尔·伊雷内·杜邦无可奈何的事情不止一桩。第一个是自己和孩子们的关系,第二是自己没能够左右女儿的婚事——自己并不看好的婚事，按穷人的说法，富人家就是再穷，也绝不会痛苦到什么地步吧，可厄留蒂尔·伊雷内·杜邦遇到的这些人足以让任何人头疼。

虽然不情愿，但是厄留蒂尔·伊雷内·杜邦只能为一对新人祝福，他的原则是只要自己的女儿幸福，他愿意尊重她的任何选择。厄留蒂尔·伊雷内·杜邦毕竟是见过大世面的人，不愿专制地处理家里的事情。

但是，不幸的事接下来就发生了。费迪南德·博迪和维克托丽娜的婚姻只维持了一个月，这个福薄的男人便患上了肺炎去世了。全家人都很悲痛，但是没有回天之力。

杜邦家族有不止一个寡妇，而维克托丽娜是第一个成为寡妇的。

厄留蒂尔·伊雷内·杜邦之前在布兰迪万溪畔为哥哥维克托·玛丽兴建了一座毛纺织厂，解决了哥哥的事业问题。但哥哥的另一件事情让厄留蒂尔·伊雷内·杜邦头疼不已，维克托·玛丽的大女儿阿米莉娅长相平平，一直没有婚嫁，哥哥也显得很烦恼。

意想不到的事情发生了，维克托·玛丽的毛纺厂里的一名出色的技师和阿米莉娅相爱了，这无疑是好事，但和维克托丽娜的感情经历一样，这段感情带来的也未必是美好的结局。

不幸的事情还是发生了，因为毛纺厂的效益一天比一天好，维克托·玛丽打算扩大规模，这需要一大批工人，在这些工人中，有一个人认出了已经升为技术主管的威廉·克利福德——是的，维克托·玛丽的女婿就是克利福德，那人和维克托·玛丽说，克利福德在家乡把自己的妻子抛弃了，名声非常坏，听闻此言，维克托按压住自己心头的怒火，进行了细致的调查，当他得知那个新来的工人的话属实的时候大发雷霆，把克利福德扫地出门。

维克托·玛丽在这件事上非常受伤，过后，他每每谈及此事，都常常觉得自己不应该进行彻底调查的。

他十分憔悴，只能找弟弟倾诉自己心中的哀伤。或是在小河边，或是在咖啡厅，或是在茶坊，他们谈论的话题与以前相比发生了很大的改变，他们谈论亲情，谈论儿童时候的回忆，有时候谈论到自己的父亲，他们又不约而同哭起来，这两个总是和钱打交道的人此时充分体会到了亲情的重要。

但是，维克托·玛丽和弟弟还是不同的，他是一个喜欢后悔的人，这可不像是一个大人物，这也是他和厄留蒂尔·伊雷内·杜邦的区别。

但每个人都有自己的人生，每个人的精彩都不一样，维克托·玛丽的生命也曾焕发出不一样的光芒。

维克托·玛丽把毛纺厂的工作交给了自己的儿子，他进入了政坛，为了理想，也间接为了杜邦家族。他工作非常卖力，可以说在特拉华州的参议院和众议院工作的时候，他一直在拼搏，自从将女婿扫地出门后，他就更加感觉到亲情的重要性，他爱自己的家族。维克托·玛丽在政界也算是出人头地，同时为杜邦火药厂提供了极大的便利。最后，他还投身金融界，成为美利坚合众国银行的理事。

或许这样的变化还是为了自己的家族吧，人们猜想，或许他的每一个选择都是以此为目标的。

厄留蒂尔·伊雷内·杜邦了解自己的哥哥，也爱自己的哥哥，看到哥哥为了家族这样打拼，他心里不好受。更重要的是，在当时的社会文化中，社交场合里是不能不饮酒的，而哥哥却患有心脏病，不能受酒精的刺激。后来，随着维克托·玛丽的酒局越来越多，厄留蒂尔·伊雷内·杜邦开始试图劝阻哥哥。

"亲爱的哥哥，我非常郑重地告诉你，我希望你限制自己的饮酒。"厄留蒂尔·伊雷内·杜邦的眼睛里满是焦急和担心。

"我的兄弟，别担心，我心里有数。"

"可是……"

"没关系，我们家族的事业还要做到全世界……"

其实，维克托·玛丽已经明显感觉到酒精对自己健康的侵蚀，但他不得不这样，为了杜邦家族，他不可以违背一点社交的礼节。

1827年，维克托·玛丽突发心脏病死去。这对厄留蒂尔·伊雷内·杜邦来说无疑是又一个非常沉重的打击。

第六章 杜邦基业的传承

1. 突然的告别

基业的传承是世上被人们永远讨论不休的话题。随着杜邦家族势力的不断扩大，厄留蒂尔·伊雷内·杜邦也在思考一个问题，自己已经年纪大了，是该考虑一下接班人的事情了。

维克托·玛丽去世之后，厄留蒂尔常常感觉到彻骨的寂寞和孤独，他的话更少了，总是看起来闷闷不乐的。不论是员工，还是妻子、儿子，都很少能听见他的爽朗笑声。有时候，他试图把自己变成工作狂，用这种忙碌来消解心中的不安。

但是，再多的金钱和利润也填补不了他内心的空洞。他越来越预感到，自己也即将临近大限之日。

这时候，杜邦公司已经发展得非常壮大，火药的年产量达到了80万磅，占美国火药生产总量的1/7，到了1832年，火药出口的数量已经达到了120万磅。杜邦的火药在全世界范围内都很有名气，它几乎遍及了世界上能够运送到的所有地点，包括偏僻的南美洲国家和西印度群岛。

一直以来，厄留蒂尔都是一个凡事喜欢亲力亲为的领导者，他参与每一个生产和销售环节，每天与无数的文件和合同为伴，心力交瘁。有一天，当他从一堆文件中睡醒时，忽然感到了一种无力感。他走到洗手间，看到了镜子里那张苍老而疲惫的脸庞。那一刻，他意识到了，自己即将老去，是时候该挑选一位继承人了。

在他看来，自己有三个儿子，选一个成为接班人是不成问题的，但究竟谁最合适呢，他开始了默默地考察。

首先，他把自己的目光对准了大儿子艾尔弗雷德，艾尔弗雷德稳重而且睿智，尤其让自己满意的是，艾尔弗雷德喜欢数学，这可是逻辑思维强大的标志。聪明的艾尔弗雷德觉察到了父亲的意图，他已经感受到，父亲是在有意试探兄弟几个，于是也主动表现自己。

有一天，就"金钱与聪明"的问题，父子俩进行了一番十分有意思的谈话。

那一次，厄留蒂尔·伊雷内·杜邦先试探性地问及继承权的问题，婉转说明自己的想法，想知道儿子的看法如何。

艾尔弗雷德听了以后笑起来，大儿子笑起来总是那么有幽默感，他说："爸爸，你真的认为我很适合这份工作吗？"

厄留蒂尔·伊雷内·杜邦愣了一下，说："这可以让你出人头地，可以使你生活得非常富有，你可以得到很多你想得到的东西。"

"可是，我现在什么东西得不到呢？"

"那不是你自己挣的。"

艾尔弗雷德摇摇头，过了一会儿，说道："爸爸，你认为做一个有钱人好，还是做一个聪明人好呢？"

"有钱人就有权力，就可以控制聪明人，所以我觉得……"

"可是，如果不聪明，要怎样能赚来金钱呢？"

"不是的，儿子，我不需要你辛苦费神，再去重新拼搏。钱我已经为你们赚了不少，现在只需要你来好好守护。"

"喔！我明白了，父亲。您的意思是想让我做一个看守者，可那太没有意思了，我宁愿做一个听别人使唤的聪明人，起码聪明人可以让自己活得更洒脱、更明白。"

厄留蒂尔·伊雷内·杜邦愣住了，他有些懊恼，没想到儿子会有这样的反应，和孩子的隔阂又一次让他感到了困惑和痛苦。"儿子，我不仅仅是希望你做一个看守者，还希望你有能力让看守的东西越来越多。"

艾尔弗雷德又说道："爸爸，我不认为钱多重要，我知道我们的财产非常多，但有的时候，我更喜欢按照自己想要的生活方式去生活。"

看到儿子坚定的眼神，是的，儿子已经是一个大人了，想想自己对儿子最亲近的时候也许还是几十年前，他们小的时候吧，厄留蒂尔·伊雷内·杜邦非常感慨。但他是一个沉默寡言的人，他明白要找找自己本身的原因，他毕竟是一个沉着的人。

这个老人被伤了心，黯然地走了出去。他沿着布兰迪万溪畔缓缓散步，表情呆滞，仿佛周遭的一切都引不起他的注意。后来，一位老人终于吸引了他的视线。那个老人也在散着步，还一边悠闲地撒着面包屑，喂养着跳来跳去的鸽子们，这幅画面很美，让厄留蒂尔想起了《圣经》里的播种人。

他开始对这样的生活心生向往，坦然、淡泊、快乐。可是，几十年的习性是很难更改的。一旦再次跨入工厂，走进自己的办公室，他就会立刻换上严肃的面孔，全神贯注地投入到生意里去。赚钱，仿佛成了一个停不下来的程序，被安装在厄留蒂尔的身上，无法卸载，无法逃避。

厄留蒂尔仍然在自己的生活节奏里忙碌着，他认为，或许只有忙碌，才能让他活得真实。公司仍然在他的管理下良好运行着，他的财富也在逐日增加。有时候，他会钻进实验室里，重温年轻时的梦想。那时候，实验室是他最喜欢的场所，他可以废寝忘食，忘记一切，仿佛那里就是他的归属地。

当然，除了心灵的慰藉之外，他在实验室里还有一件未了的心愿，就是找到硝石的替代品。硝石是制造火药的一种基本原料，杜邦公司在生产的过程中一直需要从海外进口，十分耗费人力物力。他十分期待在实验室里能研制出来一种硝石的替代品，但是年事已高，精力也不够，所以始终未能成功，而这也成了他终生的遗憾。

1834年9月的一天，厄留蒂尔的脸上露出了久违的笑容。原来，这是因为厄留蒂尔·伊雷内·杜邦的小女儿和自己心爱的人托马斯·麦凯·史密斯博士结婚了。

厄留蒂尔拉着小女儿的手，温柔地说："亲爱的，爸爸希望你幸福。"在那一刻，人们在这位父亲的眼神里看到了浓浓的不舍，他希望女儿能够在他有生之年找到一个好归宿，可真的到了这时，又满心伤感。人生总是充满这样的矛盾，解也解不开。

过了一个月左右，1834年10月31日凌晨，厄留蒂尔·伊雷内·杜邦在还未消散的喜气中离开了这个他无限眷恋的世界。在费城合众国旅馆里，这位伟大的商业巨子合上了双眼，为他63年的人间旅程画上了句号。

厄留蒂尔也是因为心脏病死的，死因和哥哥一样，甚至死于同一座城市和同一个旅馆。这两兄弟，在人世间尝遍了各种滋味，当他们有空彼此谈心的时候，一个去世了。现在，他们终于可以在天堂团聚了，说说那些搁置了很久的心里话。

这个如此睿智、坚强、喜欢突破的人，如此简单地去世了，他在生前并没有立下遗嘱，所以仿佛是上帝忽然想起了他，召唤他，然后他就离开了，他去得那么匆匆，又那么安详。

回想35年前，当破旧的"美国之鹰"缓缓靠近美国的土地时，没有人知道他的名字，也没有人会推测到他今日的成就。但是35年后，当他对这个世界说再见的时候，布兰迪万溪畔、特拉华州乃至整个美利坚的国土，知道厄留蒂尔·伊雷内·杜邦名字的人们已经千千万万。

杜邦家族的主心骨去世了，在送别的时候，有谁不悲伤呢，一个叱咤风云的人物，伟大的人物，经历了人世间的种种。庞大的家产谁来继承，在一段时期内，他挚爱的家族处在混乱当中。

谁会出来当家呢，杜邦家族在等待着。

2. 三个儿子

厄留蒂尔·伊雷内·杜邦辞世后，杜邦公司崛起的三位领导人，也是三兄弟，艾尔弗雷德、亨利·杜邦和亚历克西斯·伊雷内。在他们的领导下，杜邦公司在美国的商海中乘风破浪，取得了一个又一个辉煌的成就。

艾尔弗雷德是一个非常温顺的人，所有人都这样说。他面临的形势是什么呢，爸爸去世，杜邦家族的产业又太大——以至于家族里的后代望而生畏，只望而生畏还是好说的，最可怕的是，家族出现了内讧。对于一个大的家族来说，杜邦家族各方面都做得很好，按理说，根基很深的家族并不容易被动摇，外部的摧毁力量往往不太管用，但事业不可以掉以轻心，最可怕的是内部自相残杀，这是亘古不变的道理。

人们说艾尔弗雷德十分温顺，首先是因为他的长相，他并不像一个老板的样子。他的父亲是一个沉默寡言的人，鹰钩鼻子，嘴唇小小紧绷，面相沉静，看样子就是一个书生。而艾尔弗雷德不知承袭了谁的基因，长相魁梧，肩膀宽阔，一副火药厂工人的样子。更有意思的是，他讨厌父亲的那一套商务管理，反而对制造火药十分感兴趣。他性格里有刚烈的一部分，但总体而言，又是一个耳朵根子很软的人，艾尔弗雷德除了喜欢制造火药以外，还喜欢文学创作，仿佛交朋友是他最舒心的事情。

在一位记者对杜邦公司的描述中，也可以侧面认识到艾尔弗雷德——"该公司150名雇工几乎都是爱尔兰人，工人们对其雇主所表现的尊敬之情使我颇有感触，是因为这种情况在我们这里并不常见。"类似这样的评价有很多，在这样的事情上艾尔弗雷德遵从了父亲的做法，让人很钦佩。

艾尔弗雷德最终在比德芒的培养下学会了如何经商，在1837年，艾尔弗雷德接任总经理的职务，并制定了一项新的合股关系协定，规定将26股股份在艾琳——自己母亲的继承人中分配，艾尔弗雷德拥有8股。他的弟弟亨利和亚历克西斯各占5股，比德芒和艾琳留下的三个女儿——维多琳、埃柳塞拉和索菲，她们各占2股。这些股份每股价值7000美元。

二儿子亨利·杜邦的胡子是红色的，他的热情就像是一团火，熊熊燃烧，他的精力同样是一团熊熊燃烧的烈火，有意思的是，这个精力非常充沛的人，粗中有细，且记忆力惊人，毫无疑问，这是杜邦家族的传统，优良的传统。亨利·杜邦能够叫出公司里每一个人的名字，甚至哪一家要生孩子，哪一家的东西前几天被偷了，哪一天夫妻俩吵了架，他都知道，他充分利用自己良好的记忆力，在工人群体里树立了和蔼可亲的形象。

有人把亨利称为天生的事业家，另外，他谨慎地继承着杜邦家族的传统——经济与政治结合，他参加了自由党，并且非常支持自由党领袖亨利·克雷。这与他在西点军校的经历不无关系，人们可以发现一个奥秘，杜邦家族的人并不仅仅执着于经济学，相反，他们很多都不喜欢经济，最后不得已才挑起了领导家族的重任，这对杜邦家族的发展是有非常大的作用的，各行业都接触的后代，眼界更加开阔，而公司的经营所依靠的东西最重要的便是开阔的眼界，拒绝狭隘。

第三个儿子是亚历克西斯·伊雷内，当他沉默寡言的父亲主动和他说话，问他是否喜欢数学，他当时的回答是数学成绩倒数第一，他最喜欢唱歌。而现在，他可不是原来的样子了，在父亲的引导下，他逐渐将兴趣转移到了化学上来。他也成了杜邦家族的中坚力量。

当时，艾尔弗雷德充当领头人的角色，他是这里面最成熟的一个了，杜邦还在世的时候，就发现了艾尔弗雷德温顺的特性，这可是当领导的不二人选。另外，艾尔弗雷德在很多方面都像自己的父亲，虽然他曾经对父亲说过不愿意当领导者，但如今，父亲离世了，他感受到了肩膀上的责任，所以理所应当担任起了第一领导者的职务来。

他们的领导机制是，兄弟三个共同商量，最大限度避免决策失误，取得最大的效益，这是一个奇妙的组合，三个人是三位兄弟，在保证公正的基础上，由亲情发挥作用，没有比这更美妙的事情了。

三个兄弟公正无私，始终把家族的利益作为最大追求，在这样的前提下，公司的大部分利润都用来进行投入，接着是更大的产出，然后是更大的投入，杜邦公司的运转保持着一个非常良性的循环。三位兄弟的心紧紧地团结在一起，他们的信念是相同的。

当公司的实力进一步扩大之后，随之而来的，他们将法国的股票全部买回来了。

父辈见惯了大风大浪，接替者们也总要接受挑战。冥冥中有什么力量，促使着三个兄弟面临第一次考验。是的，那就是经济危机。这个在当今资本主义社会都不可以避免的情况，一下子给了三个兄弟一个下马威，尽管公司已经不再是群龙无首的局面，但是资本竞争产生的必然危机还是来了。

人们今天分析经济危机的时候，会说这是时代发展所产生的必然情况。归根结底，是资本家的贪婪造成的。世上总有些东西非常奇妙，杜邦家的三个兄弟立足公司的利益，解决了危机。他们无暇顾及有多少劳动者失去自己的工作岗位，以前自己的爷爷和父亲当家的时候，工人的岗位竟然可以世袭，而现在这种情况支持不下去了。

经济危机更加增大了失业率，当然，这不是说经济危机已经给杜邦公司带来了多大的失业人群，而是说，杜邦家族的人，在失业人群不断扩大的社会背景下，利用优胜劣汰的法则，实行了裁员。当时他们的想法是，把一些工作不太熟练的工人剔除，要知道，一个熟练的工人可以顶上好几个不熟练的人，而工资却是相同的。

其实杜邦公司之所以没在经济危机中一败涂地，是因为他们之前的节约政策，他们是资本家，可他们没有资本家的那种对享受的狂热追求。可以说，在那时候，杜邦家族已经不是一个暴发户了，他们的血管里流淌的鲜血已经有了贵族的气息，他们的理想、理智是最重要的东西，他们永远都知道自己需要怎么做，人们常常说家族基因，这就是家族基因。

在经济危机中，杜邦公司并没有如同其他企业那样倒下，反而在竞争者中更加耀眼，在火药的生产上面，更加具有了竞争力，是的，企业家怕的不是自己有多不好，而是对手有多好，杜邦公司在三位兄弟的领导下，让经济危机成全了自己的火药厂霸主式的地位。

三位兄弟的强势合作一发不可收拾，连经济危机都可以拿来利用，还有什么东西是自己不可以利用的呢，今天人们利用了经济危机，明天人们利用战争！这话，在世界经济历史上都有荡气回肠的魄力。

美墨战争来了，如期如愿而来。

1846年，美国和墨西哥两国交战。这又一次给了杜邦公司机会，一桶桶黑色的火药不断运往前线，美国凭借炮火将一系列的土地划归到自己的势力之下。而杜邦家族自然是受益者，他们大获全胜。

不久，一件谁都想不到的事情发生了，艾尔弗雷德累了，一个人总是会知道自己什么时候真正累了，人的灵性在某种程度上可以体现在对很多事情的预感上，艾尔弗雷德，这个杜邦家族温顺的老大，静静地退出了领导的舞台，或许是由于过度的操劳，他在淡出后不久去世了。他的离世让剩下的兄弟两个感到了说不出的哀痛。

悲伤是生命不能承受之重，但所有的事情总归都要挺过去。悲痛过后，亨利·杜邦毫不犹豫地站了出来，这个西点军校毕业的男人，骨子里有说不出的坚毅顽强，仿佛世界上没有不可以完成的事情，军事生活让他给杜邦家族增添了雄风。这种品格值得尊敬，除了一点——对战争的痴迷。一个人，怎么可以那么痴迷于战争呢。如果只是因为战争可以给自己的产品带来很大的市场的话——那么人们该怎样定位这个人？

就像他的父亲厄留蒂尔·伊雷内·杜邦一样，在战争面前，他们仿佛都不管不顾了，不管他们多么会经商，不管他们的家族有多么的显赫，不管他们有多少优秀的品格，在渴望战争这一方面，人们感觉到的，是一个对金钱极度渴望的可怕的心理。

原本的三人管理委员会只剩下亨利·杜邦和亚历克西斯·伊雷内了，为了平衡，升级为"高级伙伴"的亨利·杜邦将艾尔弗雷德的儿子厄留蒂尔·伊雷内·杜邦（以下称厄留蒂尔·伊雷内·杜邦二世）拉进了管理委员会，补足空缺。当时的厄留蒂尔·伊雷内·杜邦二世只有21岁，他成了两位叔叔的同伴。

战争结束了，但是战争带来的收益并没有结束，战争之后，西部成为很多人追逐的地方，未开垦的地方总是有一种莫名的吸引力。可以想象，那时候的杜邦家族肯定是极为兴奋并且密切注视到西部开发的人们的，为什么这么说，从杜邦家族的一个决策就可以看得出来——利用加利福尼亚州的地理优势。亨利·杜邦并没有事先从政府那儿得到内部消息，但是他还是感觉到了这个地方的地缘优势。

之后发生的事情果然印证了亨利的想法，加利福尼亚州被发现了金矿，这还了得！于是全世界妄想一夕暴富的人蜂拥而至，金矿的开采需要什么？是的，是炸药，杜邦家族利用这一点大发火药财，杜邦火药厂稳步前进。

振奋的故事里也会掺杂着不幸的消息，关于亚历克西斯·伊雷内，这个小时候喜欢唱歌的人，在前面的叙述中他被父亲培养得对化学十分痴迷，兴趣是最好的老师，最终他成了火药专家，并且在公司里占有一席之地。他尤其喜欢做实验，但没有想到的是，就是这种亲身实验的精神断送了他的生命。

亚历克西斯·伊雷内是一个活泼的人，他和工人们都亲密无间，这一点就是温和的大哥都比不上。一天，亚历克西斯·伊雷内去查看圣约翰大教堂施工的进展情况，途中经过火药厂。

教堂是一个非常重要的地方，所以亚历克西斯·伊雷内很重视。在火药厂的一个车间里面，有一个金属箱子需要搬走，亚历克斯西斯·伊雷内就叫过几个工人来帮忙，结果不幸的是，散落的火药被火星点着，瞬间引起爆炸，亚历克西斯·伊雷内被当场冲倒，他马上滚到河水里面灭火，然后重新登上车间顶，想指挥灭火，然而，就在这时候，车间爆炸了……

他并没有当场死亡，但伤得已经不成样子，痛苦挣扎了一晚上后死去了。人们无从得知，他在临死前想的是什么，是想自己如果成为一个音乐家的话，那会是什么情况，会想，自己的家族如此显赫，如此拼命地挣钱，为的是什么呢，他可能在最后的时候也没有弄明白。

3. 拉蒙·杜邦踏着爷爷的足迹

随着亚历克西斯·伊雷内的去世，管理委员会只剩下了亨利·杜邦和厄留蒂尔·伊雷内·杜邦二世，所以亨利·杜邦做了另一个决定，启用厄留蒂尔·伊雷内·杜邦二世的弟弟——艾尔弗雷德的小儿子拉蒙·杜邦。

与亚历克西斯·伊雷内一样，拉蒙·杜邦对化学实验同样很有兴趣。所以进入杜邦公司后，他潜心在实验室中做着各种实验。

亨利的目标很明确——"来吧，给我更多的市场"。在他面前，任何市场都是可以打开的。举一个例子来说吧，1854年，克里米亚战争中，杜邦根据合同向沙俄提供火药，此时，意想不到的事情发生了，英国设了封锁线，亨利十分焦虑，在经过深思熟虑后，他派自己大哥的儿子拉蒙·杜邦设法越过了封锁线，一举获利300多万。

这当然是拉蒙非常大的一次实践活动了，其实，在亨利将自己的侄子拉到管理委员会的时候，拉蒙刚刚9岁，还在读书。但如此使得拉蒙很快地成长起来，不只如此，亨利·杜邦十分注重对拉蒙的培养，他把拉蒙派到欧洲学习了三个月，拉蒙的眼界到此才变得十分开阔，他发现，只做实验是远远不够的，他还需要更多地学习，其中，最重要的便是管理技术。

谈到皮埃尔·杜邦和他的儿子，有一句话说得好，对于企业而言，抓好了管理就基本抓住了整个企业。拉蒙·杜邦在欧洲系统学习管理技巧，当他觉得自己可以了的时候，便以另一种自信站在世界面前，尽管这个背景和底气是家族给的，但是他同样坚信自己可以把家族的事业延续下去，甚至做到另外一个高度上。

拉蒙·杜邦不仅具有一种文质彬彬的气质，而且手段果决，毫不犹豫，这都是源自内心的充分的自信心，亨利·杜邦非常喜悦，他告诉自己说，没有看错人，终于可以给自己的大哥和自己的家族一个交代了。杜邦家族在亨利和拉蒙的领导下，一路高歌猛进，而这叔侄二人，也在世界的舞台上开始了二重唱。

亨利是一名辉格党人，当时关于黑人的问题在美国是被讨论得非常激烈的，亨利当然也在广泛听取别人意见的基础上有了自己的观点，他认为，黑人问题不该被夸大，最可怕的是白人对黑人的过度反应，一旦因为如此黑人白人之间大动干戈就得不偿失了。所以在黑人的问题上，他是妥协派。

不过，他当然赞成亨利·克莱企图在两种完全对立的经济制度之间达成协议，北方和南方的大地主们却不这么认为。他们认为，生产最重要的环节便是劳动力，劳动力是一切的基础，所以在劳动力的问题上，一步都不可以退让，北方的实业家的想法是向西部扩展，不会同意让南方的生产依靠奴隶而获利，南方种植园主也不会甘心失去他们特权阶层所赖以生存的奴隶。

这矛盾注定不可调和，一切战争都是私心导致的，人们可以这么理解。

是的，南北战争爆发了。在林肯上台之前，他就凭着自由的本性想要废除奴隶制，这也是他当选总统的一个条件，这体现了他对自由的追求，而人们是需要自由的，况且，黑人在美国也是世代繁衍、不断增多的。

南卡罗莱纳猛烈的炮火把拉姆特要塞轰成一片废墟时，人们想起了自己所谓的救星，杜邦火药厂。然而，他们的领袖并没有在公司，所有的人都在怀疑，是他事先逃脱了吗？怎么可以这样当老板！是啊，亨利·杜邦到底去了哪里呢？

这个战争痴迷者，在干什么？在华盛顿，亨利嗅到了战争的气息，于是变得十分兴奋，发财的时机又到了。于是他立马赶到华盛顿，用自己各方面的交际手段，大肆宣扬自己的爱国热情——交际手段是商人必须具备的。而对于杜邦家族的人来说，更有这方面的特长，于是，人们都知道亨利·杜邦的爱国热情，和他签订了一笔笔大合同。

据统计，从1861年4月11日南北双方首次交战到次年年底，杜邦火药厂向美国政府出售了价值230万美元的枪炮火药。这个数字意味着什么？这是杜邦火药厂自成立以来最大的一笔交易，这让亨利·杜邦的先人，那些具有非凡勇气、勇于开拓的先人比起来都有些黯然失色。

不过，杜邦公司自打成立以来，就没有完全的一帆风顺过。现在同样是如此。1861年，政府供应的印度硝石短缺，伦敦是有货的，但英国政府没有伸出橄榄枝，于是，林肯把拉蒙请到华盛顿，当然，是秘密行事。

结果是，拉蒙·杜邦代表联邦政府去英国购买硝石。拉蒙出发了，他心情久久难以平静，自己人生中的大事并不少，而这次是在战争里，为了国家。一个人的地位，在面对国家的时候往往显得分外卑微，拉蒙·杜邦忽然觉得，国家也往往不过如此，这不是他的背叛，而是他的宽阔胸怀的体现，他想，自己肯定有能力为自己的家族做出应有的贡献，他十分自信。还是那句话，自信源自实力。

拉蒙·杜邦最终带着硝石回到了美国，那么，他是怎么做到的呢？说法很多，第一种，他以战争相威胁，吓住了英国首相帕默斯顿。第二种更具有传奇色彩，在拉蒙·杜邦到达英国的时候，联邦政府把梅森和斯莱德尔这两位联邦高级专员释放后带到一条英国船上，后又将该船扣留作为对付英国的策略。人们可以想象，无论是哪种情况，英国之行对拉蒙·杜邦来说都是十分不确定的，但他挺住了，完成得非常漂亮。

当时，拉莫特·拉蒙·杜邦第一次去伦敦的时候，在那儿等了三天（运硝石并不是只运一趟）。当时拉蒙·杜邦想得有点简单，他认为，英国肯定会很痛快地答应买卖的请求，但英国政府一直拖着，这时他才感觉到有一点不对。经过思量，他觉得英国政府现在最感兴趣的事情便是自己购买硝石的意图。

他终于坐不住了，毅然找到了当时的首相帕默斯顿。结果，帕默斯顿的说法是，硝石禁运自己取消不了，无能为力。拉蒙·杜邦非常气愤，他知道，既然帕默斯顿可以宣布禁运令，也绝对可以解除它，他立马回到美国，从陆军部长斯坦顿那里领了一封公函，接着又乘了下一班船去英国，帕默斯顿看完了信脸色苍白，语气缓和了，但他还要求给他一两天的时间，拉蒙·杜邦没有答应，他说："我明天就走。"帕默斯顿终于妥协了，拉蒙·杜邦成功了。

同时代的人，没法不关注杜邦家族，关注杜邦家族的人，没法不关注拉蒙·杜邦，当时他非常受人欢迎，以至于很多人都说他和林肯的风度十分相像，这是杜邦家族的又一个人才。一句话说得好，"优秀是一种习惯"，而对于杜邦家族，也可以这样说，"优秀是一种遗传"。

许多年后，皮埃尔·杜邦在回忆自己的父亲拉蒙·杜邦的时候说："他说话的时候，态度威严，令人敬畏，但我记得他没有对我说过一句不客气或生硬的话。我把他视为正确与公正的化身,但他似乎从未摆过这种姿态。他和母亲在孩子们面前事事都避免发生任何争论或分歧。"一个见过大风大浪的人往往不自觉地变得深沉,但绝不是做作,拉蒙·杜邦不是。

1849年,拉蒙·杜邦从宾州大学毕业,学术和实验是他生活中十分重要的部分,他把布兰迪万的厂子改为自己的实验室,以惊人的毅力沉浸其中,在他做实验的时候,往往几天都不出门。

他为什么这么做呢?这又要追溯到他的祖父厄留蒂尔,他在晚年曾进行过原料硝石的替代品研究,这对拉蒙·杜邦来说是印象非常深的事情,拉蒙·杜邦想要继承他的遗志。另外,他认为,如果长期从英国进口硝石,是对美国非常不利的。

1857年,拉蒙·杜邦从贝壳里抽取出了硝酸苏打,他立即申请到了美国的专利,然后,他又经过研究,发现宾州煤矿的石灰石中也有硝酸苏打,精明的亨利·杜邦马上着手在暗地里建立新工厂。

另外,在堂弟犹仁——也是一位化学的热爱者的帮助下,拉蒙·杜邦进行硝酸苏打研究的同时,一边试着制造一种火药——罗德曼上尉委托的20英寸大炮的火药。他们成功了,在1862年南卡罗莱纳州的汉普顿罗德海战役中,政府军大获全胜。

然后,大量的订单像雪花一样飞到杜邦火药厂,杜邦火药厂又一次获得了非常多的利润。在这场战争中,对于杜邦公司借助联邦政府获得的利益,可以用数字来说明。

杜邦家族的故事一再被人演绎,而数据是不会骗人的,在1862年一整年中,亨利·杜邦从政府的合同中盈利66.1万美元;到了第二年，盈利52.7万美元；1864年，盈利44.4万美元。不要忘了，还有拉蒙·杜邦在英国购得的那批硝石全部由杜邦公司提炼赚的钱38.4万美元。杜邦公司在美国内战期间一共盈利的数目是100多万美元。

在这场南北战争中，还有一个必须要提及的人物，那就是维克托·玛丽的儿子塞缪尔·弗兰西斯·杜邦，他为这场战争的胜利立下了汗马功劳。塞缪尔·弗兰西斯·杜邦当时指挥的是"明尼苏达号"舰艇，之后，他统率过当时最大的舰队，拥有五十艘军舰，包括二十五艘陆军运输舰和一万四千名士兵。

在罗耶尔港的争夺战中，他不断迂回避免火力损失，以杜邦公司生产的优质火药进行攻击，很快，对方被打得一败涂地，罗耶尔港回到了政府的手中。1862年2月22日，塞缪尔·弗兰西斯·杜邦被授予海军的最高军衔——海军少将。这是杜邦家族的又一个人才。军事人才、化学人才、交际人才、文学人才、音乐人才，一个家族可以培养多少人才呢，生物的遗传与进化，真是奇妙。

拉蒙·杜邦到底是一个什么样的人，在他的姑妈苏菲娅给丈夫萨缪尔的信里，提到拉蒙·杜邦时是这么说的："拉蒙废寝忘食地在实验室工作，看他一副劳累的样子，实在令人揪心。犹仁也是整天埋头工作，不过他还年轻，可以承受得住。最近，拉蒙又做起了瓜普瓜洛兵工厂的监督工作，这个工厂因一月前的爆炸事件而残破不堪，拉蒙亲自着手改造。而我，除了在教堂做事，到托儿所照顾外甥、侄女和工厂工人的小孩之外，还……"

这段话可以让人对拉蒙·杜邦有一个比较全面的认识，一个学者，往往沉迷于自己的学术而忽略实践，而拉蒙·杜邦却不是这样。或许人们会说，当时的社会环境是制造英雄的好时机，一个家族的优良的传统是拉蒙·杜邦天赋的资源。总之，拉蒙·杜邦给人带来很多的惊喜，杜邦家族仍然以一个强大的姿态在前进着。

世界上其实没有平白无故喜欢战争的人，哪怕战争可以带来巨大的财富。而且，战争并不是每天都发生的，那么怎么样才能在和平年代仍能保持自己的盈利呢？杜邦人又一次陷入了思考当中。

4. 火药"托拉斯"

随着资本主义经济的发展，杜邦公司在寻找更稳定的更具实力的经营方式，所有的东西都朝着更高级的目标发展。杜邦迎来了"托拉斯"时代。

杜邦公司追求一种更加稳定高效的生产方式，当时的社会背景是战争刚刚结束，国家经济残破不堪，一派凄惨景象，美国的火药工业界变得混乱不堪，局面无法收拾。是的，美国有一个特点，就是经济的危机往往发生在生产过剩的条件下，当南北战争发生的时候，因为对市场的渴望，各个火药厂都拼命生产。当然，政府也是鼓励生产的，当战争过后，政府放出大量的库存，供求关系开始出现不对应。

有人说，历史都是注定的。而历史唯物主义学家绝对不同意这样的说法，而且可以拿出很多不同的证据来驳倒它。但世界上没有一帆风顺的事情，所有的成功背后总是夹杂着辛酸，而好事和坏事总是交织出现的。历史其实很公平，尽管人类在某种程度上可以制造历史。

也许有人会满心羡慕地说，"要是我也是杜邦家族的一员得有多好啊，花不尽的钱，数不尽的荣耀，权力又大。"这种看法太过于简单也太现实了，杜邦家族的祖坟里有多少是死于火药的，人们可以想象，一个家族的崛起，需要多少东西来做祭奠！

再回到杜邦家族的发展。亨利·杜邦对于当前形势的判断是极其准确的，他明确知道，要想在当时立于不败之地，就要扩大自己的实力，扩大再扩大，兼并再兼并。

于是，在1872年4月，亨利·杜邦召集了其他残存的火药公司参加了联合会议，其他公司当然是唯杜邦公司马首是瞻了，于是亨利·杜邦宣读了《合约书》。资料中，人们是这样描述当时的情况的：

"一、以最快的速度抑制使企业利益受损的削价竞争。二、为了避免主要市场生产及供应的过剩必须在本协会会员中实行销售额分配。三、排挤非本协会成员的企业或者违反本协会协议的企业。四、迅速使政府对南北战争中剩余产品的销售行为中止，并且想办法让议会通过有关租税处理的法案……"

亨利·杜邦口中的协会就是托拉斯。当然，事实如亨利·杜邦所愿，他当上了协会的会长，也就是说，他成为火药托拉斯的老大，杜邦火药厂的根基越来越雄厚，实力更上一层，在全美国都是首屈一指的企业。

美国火药协会正式成立，有好几方面的作用。首先，它使得火药制造行业更加景气，有很多起先不是造火药的企业现在也开始加入火药的制造行业当中来，这使得火药托拉斯的资源更广。

其次，凡是加入托拉斯的成员都得到了利益保障，这就为托拉斯内部的生产提供了积极性的保障。

再者，托拉斯的建立使得火药的制造和销售牢牢地掌握在自己的手中，市场的变动再也无法大幅影响托拉斯了，这条道路一劳永逸。亨利·杜邦运筹了多少时日，运用了多少交际手段，人们不得而知，但对于亨利·杜邦来说，世界上没有他做不到的事情。

另外，火药托拉斯可以为政府带来一项便利——提供稳定的岗位，解决就业问题。就业是每个政府都非常头疼的事情，而一旦为劳动力提供了就业渠道，政府的压力就减少了很多，所以说，托拉斯还是有其先进性，尽管这是一种垄断。

政府在这一期间对其垄断的行为没有干涉，是因为政府是讲求实际的，而日后，当政府要求所有的托拉斯解除的时候，人们更能深刻体会到，政府是讲求实际的。

在火药托拉斯的发展过程中，有一段有意思的故事。当时加州火药厂的经营非常到位，随着战争的结束，交通的畅通，俨然可以和杜邦公司一决高下。但是，杜邦火药厂的实力毕竟是高一个层次的，亨利·杜邦使用了最恶毒的方法也是最有效的方法——降价竞争。

为了争夺市场，杜邦公司将火药运往加州，并且以低价格卖出，效果立竿见影，果然，加州火药厂顶不住压力了，最终被杜邦火药厂吞并。但是亨利·杜邦并没有就此停下吞并的脚步，他不仅吞并违反协约的一些公司，而且趁热打铁，把赫尔克里土火药公司、赫克莱火药公司和赫尔克里土鱼雷公司都吞并了。

最终，亨利·杜邦实现了他称霸火药企业界的计划。引用一点史料，亨利在给他的业务代理商的信中提到："现在，并不是托拉斯或企业联盟来制定规则，杜邦公司可以按地区的不同情况来决定价格。我们具有全部的决定权，没有任何障碍。从现在起，我们可以制定世界的火药价格，如变更任何价格，用电报告诉我！"

这是世界经济史上最有魄力、最豪气、最霸气的一段话。亨利·杜邦的名字可以说是传遍全世界了，当他的祖父、他的父亲在世的时候，恐怕做梦都不会想到杜邦公司此时的成就吧。杜邦的家族真正屹立于世界。

世界上很多事是稳健的，很多事是难以遏制的，比如金钱。金钱是最容易泛滥的欲望，当一个人满足了欲望，新的欲望便同时产生，在金钱上，就可以这么说，不论一个人拥有多少金钱，还会追求更多的金钱。

金钱是特殊的，亨利·杜邦手下的火药托拉斯以其吸收金钱的稳定性和迅速性使杜邦家族陷入了一种接近疯狂的状态。打一个比方，如果在一个遍地珠宝的地方，随你拿多少，人们肯定要多拿点，再多拿点。

正在疯狂之中的杜邦公司不仅在钱上直接下手，他们还把目光对准新兴工业，大力发展铁路。据不完全统计，在1860年到1870年的10年间，杜邦公司就铺设了2.2万英里的铁路。产业的总值从19亿美元跃升到42亿美元，想想吧，在19世纪中期，这个企业的收入就达到如此之多，让旁观者们只有咋舌的份。

但是，自然的规律是奇妙的，悲喜交织得十分合理均匀。金钱可以使一个人陷入疯狂，更会使得一群人陷入疯狂，就在企业的利润不断增加的时候，贪污也渐渐成为风气，这种风气无形中慢慢风化着新兴工厂的骨架。

另外，在一些人的财富暴增的时候，有一些人却在饥寒交迫中度日，那就是贫民窟的人们。历史学家福斯特·丽亚·杜勒斯写道："千百万人民住在拥挤不堪的贫民窟内，过着一贫如洗的生活。他们仅仅为了使家属能够勉强糊口而挣扎着。绝大部分的人劳动时间这么长而工资却这么低。这种悲惨状况同工商业普遍繁荣的景象是极不相称的。"

托拉斯的建立使得他们垄断了市场，不仅是销售市场，还有劳动力市场，而劳动力的价格也就是由他们说了算的，于是越来越多的贫民产生了，他们为了度日，不得不到那里工作，但是那里的工资却不够养家糊口。当时，从法国——这个盛产美食的国家进口而来的各种高档食品，比如红酒、糕点等等，富人家都放不下了，而他们在对这些东西感到不耐烦的时候，却不知道，另外一些人，正在垂死挣扎。

钱是一个喜气洋洋的天使，也是一个冷酷的恶魔。只对穷人施威吗，不是的，当新兴的工业贵族在高兴的空当，经济却崩溃了，这些暴发户式的小工业贵族，仍然不能避免生产过剩的弊端，资本主义社会的危机，源自于生产的过剩，而生产的过剩，源自资本家对财富的疯狂追求以至于失去了理智。说到底，在资本主义社会里，个人主义对经济事业的影响，是一把双刃剑。

当时新兴的工业贵族的手里有钢铁，有木材，有食品，有纺织品，但就是卖不出去，因为他们没有注意自己的消费者是什么样的消费水平，或者说，他们从来不管人们手里有多少钱，过着怎么样的生活。

在新兴的工业群里，危机爆发了，1873年9月18日，费城银行倒闭了。金融破产，新兴工业界一片寂然，静，有时候是美妙的时刻，因为这周围有小桥流水人家，有漫天的彩霞，但有时候，是可怕的时刻，因为它可能象征着死亡。

杜邦公司正在瞄准新兴工业，危机并没有使亨利感到恐惧，因为这对他没有什么太大的影响，他为了打击日益兴旺的公司，发动了凶猛的竞争战。这就是亨利·杜邦。

另外一个值得关注的事情就是亨利·杜邦和洛克菲勒之间的斗争。

洛克菲勒同样是托拉斯的建立者，其管理的美孚石油控制着美国的石油行业，在亨利·杜邦如日中天的时候，两位巨头碰到一起了。俗话说，一山不容二虎。亨利·杜邦托拉斯制造火药，一半以上的原料是石油，洛克菲勒何许人也，美国实业家，以石油工业与塑造现代慈善的企业化结构而闻名。1870年他创立了标准石油，在全盛期他垄断了全美90%的石油市场，成为美国第一位十亿富豪与全球首富。他也在普遍意义上被视为人类近代史上的首富，财富总值折合今日之3000亿美元以上。他已经将石油界垄断了，就是这么一个人物，他甘心让亨利·杜邦的托拉斯来压到自己头上吗？不可能。

于是，洛克菲勒发誓要和杜邦公司争夺市场，他在新泽西建立起了火药厂，想把杜邦公司排挤出去，但是，洛克菲勒想错了，正如他在石油市场上是垄断的一样，杜邦公司在火药制造上也是处于垄断地位的，洛克菲勒的火药厂根本没有起作用，杜邦公司照常运行，相反的是，自己在新泽西建立的火药厂被杜邦公司打败了。当时杜邦托拉斯所制造的火药占美国全国火药总产量的64%～74%，并100%地占据了无烟军用火药市场。

当一切都如日中天的时候，杜邦公司需要的，是尽快改革管理制度以适应新条件下的需要，以往的三人制度已经不适应了。于是经过杜邦家族的讨论，杜邦公司决定1889年底将三人管理委员会改成委员会管理，这是很明智的一次改革，也是具有历史意义的改革。

19世纪过去了，杜邦公司在一步步壮大，没人敢小瞧它，杜邦家族的人想起祖辈、父辈的嘱托，想必也很有成就感。在20世纪到来的时候，一件事情让杜邦公司重新兴奋起来——当然还是战争，是的，是美西战争。

古巴和西班牙的矛盾，让美国不得不管，因为古巴离美国太近了，有意思的是，美利坚合众国的政府并没有直接支持古巴，而是请来了一系列的财团进行商量，由此可见，当时的各个财团多么强势，国家政事都得听从他们的意见，结果当然是开战，这么好的赚取钱财的机会为什么不干？

美国战胜，西班牙把菲律宾给美国，签订了《巴黎和约》。在美西战争的几个月里，杜邦公司盈利50万美元。

5. 和时间一起改变

回到拉蒙·杜邦的故事，他有更重要的事情要做。

1875年，拉蒙·杜邦经过一场剧烈的低价销售战，买进了加利福尼亚公司四成的股份。但是，亨利·杜邦发现了让人不高兴的事情，加利福尼亚公司的资本中有一百多万美元投资生产"赫尔克里士"牌的甘油炸药。

甘油，1779年由斯柴尔首先发现，1823年，人们认识到油脂成分中含有甘油。第一次世界大战期间，因其为制造火药的原料，产量大增。甘油于10℃左右与硫酸、硝酸混合酸反应，生成甘油三硝酸酯，俗称硝酸甘油，这个化合物经轻微碰撞即分解成大量的气体、水蒸气和二氧化碳，发生爆炸。

随着诺贝尔制造出黄色火药，甘油不稳定的性质得到了控制，黄色火药被很多人看好，小工厂也在积极生产以求对抗杜邦公司的黑色火药。

黄色火药是不稳定的，亨利·杜邦注意到了这一点，而随后发生的事情也支持了他的观点，德国的一家生产黄色火药的火药厂发生了爆炸，亨利·杜邦更加确信不疑了。为了巩固自己的观点，他需要得到更多的认同。第一个反对的人当然是拉蒙·杜邦了，他对黑色火药一往情深，为了表明自己的决心，他思考建立一个火药厂，一个世界上最大的黑色火药厂。红胡子的倔强谁都拦不住，除了拉蒙·杜邦。他们大声地辩论。

"尽管有危险，但我们需要跟上时代的潮流，绝不可以自闭，黄色火药不会炸掉整个人类，销售商们都喜欢它，我们也需要相信黄色火药，它可以给我们带来更大的成功，叔叔！"

亨利哼了一声，不作声。于是拉蒙又继续说道："叔叔，你能感觉到黑色火药现在所处的境地吗？我可以，我觉得，我们的黑色火药已经过时了，这些年来，各种工业产品层出不穷，所有的技术几乎都被重新革命了一遍，我们如果拘泥于过去，最后失败的肯定是我们。"

拉蒙用尽自己的气力，他感到有点憋屈，就不再说话，当亨利转身走掉的时候，他陷入了沉思。一个家族就像一个国家，权力始终在国王手里，亨利对统治的渴望拉蒙是知道的，亨利的铁腕手段，拉蒙也见识过，但拉蒙也知道，亨利这个人太固执了，总是太相信自己的判断，拉蒙决定坚持自己的想法，并且找准机会，改变叔叔的看法。他们不是为自己而活，而是为了杜邦家族奋斗。

美国的很多买家都比较钟情于甘油——相对于亨利的黑色火药。

这让拉蒙更加着急。

拉蒙当然是希望杜邦家族生产甘油，但是"将军"叔叔依旧不同意，这个倔强的红胡子和自己的侄子又一次次发生争吵，拉蒙表面上屈服于自己的叔叔，他觉得，如果和叔叔闹翻，就是对自己家族的毁灭性打击，他十分不希望这样。

于是每当二人发生争执的时候，他就默不作声。这样过了15年，当然，这十五年里他也一直在细心地策划着，当他觉得时机已经成熟后，在与他叔叔一同出席的会议上，他当着所有人的面又提出了这个想法。亨利当然拒绝了，这拉蒙其实也预料到了，但是拉蒙已经在此时得到了大多数人的支持，同时，他悄悄地说服他的同伴，他们要进行一项大胆冒险的事业。

对于加州火药厂的收购的故事就可以看出来，亨利·杜邦进驻加州基本上击垮了加州火药厂，但是亨利·杜邦对黄色火药的排斥却使得加州火药厂获得了重新发展的契机，他们大力生产黄色火药，远近闻名，在加州逐渐扩大市场，此时的亨利·杜邦却沉迷于建立更大的黑色火药厂，根本没有注意到这一点，但是拉蒙·杜邦注意到了，他认为，加州火药厂是值得自己的家族努力去拥有的。

当时，加州火药厂的总裁是福斯特，拉蒙·杜邦率先进行试探，与福斯特进行了接触，但是福斯特不吃杜邦托拉斯的那一套，自己的火药厂效益蒸蒸日上，怎么可以卖了呢，于是他一口回绝了拉蒙·杜邦。拉蒙·杜邦并没有放弃，在他的眼里，世界上的事情都可以迂回地完成，在他受林肯的委托到英国采购硝石的过程中，人们就可以看出来，这个人也是不容易死心的那种人。

随后，拉蒙·杜邦进行了简单的思考，怎么才能把加州火药厂争取到自己这边来，那可是一项非常划算的交易啊。终于，拉蒙·杜邦开始行动了。

一次，在一个俱乐部里面，福斯特和拉蒙·杜邦见面，需要说明的是，这还是福斯特第一次见到拉蒙·杜邦本人，之前都是拉蒙·杜邦的手下和福斯特进行洽谈。

拉蒙·杜邦见到福斯特，故意装作不认识，但是他朝着福斯特说了一句话，表示自己好像见到过他。福斯特非常纳闷，眼前的这个人长相非常有精神，可能是个人物吧，但是，自己明明没有见过他啊，他到底是谁，对自己有没有坏处，算了，不管了，不搭理他就是了。

于是，福斯特说："先生，可能您认错人了吧，我是福斯特，我可没有见过你啊。"

拉蒙·杜邦连忙激动地说："啊，福斯特先生，我找的就是你啊，我认识你啊，我们见过面的，你还记得吗？我对您的经营策略非常佩服啊。"说着走近福斯特。

福斯特更加纳闷了，拉蒙·杜邦趁机挎住了他的胳膊，"走，我们边走边说。"拉蒙·杜邦故意做出十分热情的姿态，说着闲话。忽然，走过来一个小个子，非常热情地要和福斯特握手，福斯特不知所以，反正就是握个手，想必没有什么大不了的，于是就没有拒绝。然后，又过来一个高个子，给照了一张相片，一句话不说就走掉，小个子随后消失。

当福斯特转过头来要问个究竟的时候，拉蒙·杜邦已经悠然地点上了一根烟，他说："福斯特先生，你有麻烦了，你知道吗？"

福斯特心里略微一沉："怎么？"

"你知道刚才的小个子是谁吗？他是纽约最大流氓团伙的成

员，全纽约的警察都知道，你怎么跟这种人来往……"

福斯特非常恼怒，他说："为什么陷害我！"

"很简单，想要收购你在加州的火药厂。"

很简单地，加州火药厂从此成了杜邦公司的产业，这个生产黄色火药的厂子被拉蒙·杜邦以100万美元的低价收购了去。

拉蒙·杜邦依然"我行我素"，他竟然选择在一块空地上建立甘油炸药厂，这不由得让红胡子亨利非常愤怒。但是，在潮流面前，亨利再倔强也没用，经过深思熟虑后，他宣布了一项决议，"我们就要投入生产烈性炸药了，也就是说，我们正在大量投资组织一个生产甘油炸药的公司。不过尚未确定名称。"这一句话十分有意思，红胡子亨利屈服都这么强硬，名称尚未确定，聊以自慰吧。

工厂5个月后建成了，源源不断地生产黄色火药。

这期间，一个女人闯入了拉蒙·杜邦的生活，这个女子叫梅莉·贝林。她的父亲在杜邦公司工作，她有着父亲的勤快、聪明，拉蒙·杜邦很早就注意到她了，而梅莉·贝林也喜欢这个斯文的年轻人，他有学识又温和，最重要的是，他有一种坚毅的气质，这非常难得，所以她对于拉蒙·杜邦一直有爱慕之心。不久两个人陷入爱河。

其实就理智上说，贝林并不是杜邦家族的人，也不是什么大富大贵人家的女儿，她的加入不会让杜邦家族获得直接的利益，这也是家里人反对的原因。但贝林身上那种犹太人聪敏的气质深深吸引了拉蒙·杜邦，他毅然和她结合，家里人的反对只是如风吹过，对拉蒙·杜邦不起任何作用，看到他如此坚持，他们就停止了干涉。

从这样的"家务事"中，人们也可以对拉蒙·杜邦的生活有一个比较细致的了解，从而对他的认识更加立体，拉蒙·杜邦绝对是精英人物。

其实，在拉蒙·杜邦竭力想生产黄色火药的时候，政府给了一个建议，那就是生产另一种火药，无烟火药。

什么是无烟火药？

无烟火药指爆炸时产生较少固体残留物的火药，如硝化甘油、硝化纤维等。1845年的一天，化学家舍恩拜做实验时不小心把盛满硝酸和硫酸的混合液瓶碰倒了。溶液流在桌上，一时未找到抹布，他赶紧出去拿来了妻子的一条棉布围裙来抹桌子。围裙浸了溶液，湿淋淋的，他怕妻子看见后责怪，就到厨房去把围裙烘干。没料到靠近火炉时，只听得"砰"的一声，围裙被烧得干干净净，没有一点烟，也没有一点灰，他大吃一惊。

事后，他仔细回忆了经过，顿时万分高兴。他意识到自己已经合成了可以用来做火药的新的化合物。为此，他多次重复了实验，肯定了结果无误，遂将其命名为"火棉"，后人称之为硝化纤维，后来经过世人改进，无烟火药就产生了。

亨利·杜邦对政府的建议也是不同意的，因为无论是黄色火药还是无烟火药，都会影响黑色火药的生产，最终，亨利还是屈服了。艾尔弗雷德二世运用了一系列的手段，最终从巴黎获得了制造无烟火药的技术，这在杜邦公司的发展历史上也可以称得上是一段"佳话"吧。

艾尔弗雷德二世到达巴黎后，先积极与巴黎方面接触，想用他们的技术来进行无烟火药的生产。其实，他是抱着失败的心境去试探的，但是试探总会有好处，这是杜邦家族的一贯传统，喜欢做，敢于做。结果是确定的，法国方面并不想把这项技术转让给美国，这是商业秘密，艾尔弗雷德二世并没有灰心丧气，他很淡定，这也可以说是杜邦家族的一贯传统。

艾尔弗雷德二世想去比利时看看，说不定会有什么收获，但是他没有回去，这次他的方法换了，他不再来直接的，他乔装打扮成为一个普通的工人，贿赂了比利时一家制造无烟火药的负责人，进入生产线后，详细记录下了制造方法，将这个方法带回了美国。杜邦家族的传统，在会花钱与会赚钱之间，他们更会花钱。

为什么艾尔弗雷德二世对无烟火药这么情有独钟呢？他的说法是这样的："在去比利时之前，我曾经做过一个实验，我用5克杜邦公司制造的火药进行实验，发现只能在靶子上留下一个痕迹，我换着试试，用一半量的无烟火药打靶，结果出乎我的意料，靶子的心被穿透了，我想，呵，原来世界上还有这么厉害的火药，那么，我一定要把它弄到手，无论用什么手段，其实我没有花很多东西。最后，我得到了它。"

掌握了无烟火药的生产技术，杜邦公司在生产常规火药的同时，增加了另外一个收入的来源。

然后，杜邦家族以一个健全的品质发展。在家族企业越来越难做的今天，有一个说法叫作"富不过三代"。其实很多时候并不是富家子弟多么败坏，痴迷于享受，而是家族精神传承的问题。

一个家族和一个人一样，是有自己的品格的，而杜邦家族之所以立于不败之地，很大程度上是依靠自己家族性格的塑造和传递。杜邦的创始人的那种执着于对完美的追求，始终贯穿在每一个杜邦家族人的心中，成为亘古不变的行为原则。

拉蒙·杜邦十分风光，在外面如此，在家里却未必，因为妻子是犹太血统的缘故，家里人难免仍然有排斥的心理，但是拉蒙·杜邦丝毫不在乎这些。

"亲爱的，你认为你选择了我是对的吗？"妻子的话有点犹豫，拉蒙·杜邦听了笑了笑，"我从来不是个活在别人的看法里的人，活在别人的看法里是最可怜的事情了。"

妻子贝林很幸福，她也笑了，别人的种种看法，丝毫没有影响他们的感情，相反，他们的感情因此而变得更好。

贝林和拉蒙有9个孩子，这些孩子比家族内部结合生出来的都要聪明，这更加印证了她的看法，要为自己而活。拉蒙·杜邦的婚姻是合适的，谁也阻拦不了，破坏不了。

拉蒙·杜邦正处在人生中的黄金时期，不幸却发生了。当时拉蒙·杜邦并不在现场，而是在办公室思考，突然，有一个声音传来："不好了！不好了！火药房……"

话音刚落，一个工人跑了进来，拉蒙·杜邦赶紧问怎么了，来人气喘吁吁，说不出话来。拉蒙·杜邦赶紧冲出了办公室，当他赶到火药房的时候，闻到了一股熟悉的味道——火药将要爆炸的味道。他马上大喊："赶紧离开！"话音未落，轰隆一声，他被掩埋了，年仅53岁的拉蒙·杜邦去世了。与杜邦家族的几个先人一样，他死于火药爆炸。

人们马上进行调查,结果出来了,是因为前一天下班的时候工人忘了冷却混合物,并不是杜邦的火药出现了什么问题。拉蒙·杜邦的死对亨利·杜邦来说是个非常大的打击,在统治杜邦家族这么多年来,拉蒙·杜邦是一个非常好的助手,他学识渊博,喜欢创新,待人有自己的风格。

贝林悲伤地失去了自己的丈夫。

拉蒙·杜邦死后,犹仁·杜邦担任了总裁,他将公司改为了股份制度,杜邦公司成为真正意义上的股份制公司。

犹仁·杜邦在盛年感染了肺病死去,之前,亨利·杜邦也去世了,这时候股东们一致认为杜邦家族没有人可以领导杜邦公司,最好的办法就是出售杜邦公司,换取现金,杜邦家族,正面临着生死危亡的时刻。

多年后,站在历史的肩膀上回望,这个来自法国的杜邦家族已有248年的悠久历史,是世界五百强企业中最长寿的公司。从厄留蒂尔一家走下"美国之鹰"的那天算起,杜邦家族仅有13个人,而后繁衍为6000余人。他们在美国的各州活跃着,大多数受人拥戴。

一代又一代的杜邦人从祖辈那里继承了家产,也继承了家族意志。世界每分钟都在变化着,杜邦家族的发展走向也在变化着。不过,作为这个商业帝国的创始者,厄留蒂尔·伊雷内·杜邦的故事绝不会被人忘记,他的子孙们仍在努力将他的生命与梦想延续。

附录

杜邦生平

1771年6月24日，厄留蒂尔·伊雷内·杜邦出生于浪漫之都法国巴黎，他的父亲皮埃尔·塞缪尔·杜邦是重农学派经济学家，曾被路易十六封为贵族。因此，伊雷内"荣幸"地成了贵族家庭的成员。伊雷内这位小贵族很小的时候，就颇具贵族的绅士风度，他低调内敛，做事十分谨慎，而且对科学技术表现出了浓厚的兴趣。鉴于此，父亲将他送往当时主管法国皇家火药厂的著名化学家安拉瓦锡的实验室学习火药制造及化学知识。也由此，开启了杜邦家族的非凡命运。

1799年10月2日，厄留蒂尔·伊雷内·杜邦随父亲开始了赴美国的冒险航程，这也成为他生命中重要的转折。1802年4月，厄留蒂尔·伊雷内·杜邦在美国特拉华州的威尔明顿建立了一家生产黑色火药的工厂。在最初杜邦公司总值只有3.6万美元。然而，在200年后的今天，杜邦公司已从制造作坊发展成为世界上历史最悠久、业务最多元化的跨国科技企业之一，年营业额达400亿美元，产品涉及诸多领域。一个不可颠覆的传奇，却这样真实地发生了。

1804年，33岁的厄留蒂尔·伊雷内·杜邦完成了首批黑色火药成品，并将其送到兄长维克托在纽约格林尼治街的贸易公司。维克托立刻在报上刊登广告，宣称杜邦火药公司生产的这种黑色火药优于任何火药。1804年底杜邦火药销售额为1万美元。1805年美国陆军部长宣布，杜邦公司将承包政府的全部火药生产。因而，早期的杜邦公司的经营是相当成功的，从1803年至1810年，收益平均为其销售额的18%，而公司资产在1810年至1815年间竟增至原来的3倍。1812年第二次美英战争前后，共向政府出售了100多万磅火药，这使公司能将获得的愈来愈多的利润中的绝大多数用于扩大再生产。杜邦家的名气也大了。

1824年，杜邦家族跻身美国新的财阀集团。伊雷内被任命为美国银行的董事，这家银行垄断了全国的货币。1827年，60岁的维克托死于心脏病，伊雷内仍经营着火药公司。这时公司年产80万磅火药，占美国火药总产量的七分之一。1832年杜邦公司已出口火药120万磅，而这30年公司贸易总额多达1340万磅。

1834年10月底，杜邦公司的创始人厄留蒂尔·伊雷内·杜邦也因心脏病去世，终年63岁。伊雷内死后的十几年里，国内经济一片萧条，企业破产、银行倒闭，而杜邦公司却一直生意兴隆。这是由于美国与墨西哥的战争、国内的矿业开采和公路铁路的修建等都需要越来越多的火药。其子艾尔弗雷德·维克托·杜邦和亨利·杜邦接管公司并买下了其他合伙人的股份，从而奠定了杜邦家族对公司实施控制的基础，为杜邦公司续写了新的传奇。

杜邦年表

1771年6月24日，厄留蒂尔·伊雷内·杜邦出生于法国巴黎，他的父亲皮埃尔·缪尔·杜邦是重农学派经济学家，曾被路易十六封为贵族。

1799年10月2日，厄留蒂尔·伊雷内·杜邦随父亲开始了赴美国的冒险航程。

1802年4月，厄留蒂尔·伊雷内·杜邦在美国特拉华州的威尔明顿建立了一家生产黑色火药的工厂。

1804年厄留蒂尔·伊雷内·杜邦完成了首批黑色火药成品，并将其送到兄长玛丽在纽约格林威治街的贸易公司。当年杜邦火药销售额为1万美元。

1805年美国陆军部长宣布，杜邦公司将承包政府的全部火药生产。

1803年至1810年，收益平均为其销售额的18%，而公司资产在1810年至1815年间竟增至原来的3倍。

1812年 第二次美英战争前后，杜邦公司共向政府出售了100多万磅火药。

1824年杜邦家族挤进了美国新的财阀集团。

1827年 2月，伊雷内的兄弟60岁的维克托死于心脏病，伊雷内仍经营着火药公司。此时公司年产80万磅火药，占美国火药总产量的七分之一。

1832年杜邦公司已出口火药120万磅，而这30年公司贸易总额多达1340万磅。

1834年10月底，杜邦公司的创始人、第1任总裁厄留蒂尔·伊雷内·杜邦也因心脏病去世，终年63岁。